관 계 에 도

거 리 두 기 가
필 요 합 니 다

관계에도

거리두기가
필요합니다

권수영 지음

상처를 주지도 받지도 않는

적정 거리 심리학

21세기북스

관계가 버겁다면
마음의 거리두기를 하자

우리 모두 언택트 시대의 새로운 관계 맺기를 준비해야 할 때다. 인류에게 닥친 '코로나바이러스감염증-19'는 우리에게 자연스러운 대면 만남의 일상을 빼앗아갔다. 이웃이나 가족과의 만남에도 일정 정도 제한을 두는 '사회적 거리두기'의 방역지침은 정상적인 관계 맺기를 점점 힘들게 만들 것이란 우려를 낳을 수도 있다.

다행스럽게도 정부는 〈코로나19 통합심리지원단〉을 만들어, 관계 단절로 인해 상처를 입은 국민의 마음 건강을 돌보는 일에도 관심을 기울이고 있다. 이렇게 시작한 지원단의 목표 중 하나는 '몸의 거리는 넓혀도, 마음의 거리는 좁히자!'였다. 몸이 떨어져 있다 보니, 마음마저 멀어져 점점 우울해지거나 갑자기 난폭해지는 사람이 많아졌기 때문이다.

그렇다면, 반대로 몸의 거리를 좁히면 마음의 거리도 저절로 줄어드는 걸까? 나는 고개를 갸우뚱할 수밖에 없다. 최근 코로나19로 인해 가족들이 집에 거주하는 시간이 늘어났다. 재택근무하는 부모와 등교하지 못하고 온라인 학습하는 자녀들이 집에 내내 붙어 있는데 과연 몸의 거리가 가까워진다고 마음의 거리도 점점 좁혀지는 것일까? 실상은 정반대다. 가정 내 다툼과 갈등은 늘어만 갔다.

나는 여러 해 전 『한국인의 관계심리학』이라는 작은 문고판 책을 출간한 적이 있다. 출간 전에 내가 출판사에 제안했던 책 제목은 '한국인의 관계와 경계'였다. 관계에 지나치게 매몰되면 나와 너 사이의 경계를 무시하기 쉽다. 우리나라와 같은 가족주의 문화에서는 부모가 언제든지 자녀의 방을 불쑥 쳐들어갈 수 있다. 한국인은 이런 부모를 자녀의 물리적 혹은 심리적인 경계를 침해하는 부모라고 보지 않는다. 때로는 방문을 걸어 잠그는 자녀에게 열라고 호통을 치기도 한다. 내가 보기에 한국의 가정 내 부모와 자녀 사이의 '거리두기'는 거의 불가능에 가깝다.

나는 그 책에서 관계를 중요하게 여기는 한국인들이 반드시 지켜야 할 것이 보이지 않는 마음의 경계라고 주장했다. 물리적인 거리뿐 아니라, 심리적인 거리가 존중받을 때 비로소 안전하고 행복한 관계가 된다고도 했다. 당시에는 관계와는 반대 개념처럼 보이는 경계 혹은 거리두기 등의 개념이 우리 문화에는 좀처럼 어울리지 않는다고 여겨졌던 것 같다.

누가 뭐래도 한국인에게 관계는 아주 특별하다. 우리는 어느 민족보다도 소속감이나 집단에 대한 충성도가 높은 민족이다. 당연히 타인과 관계 맺는 일이 최우선일 수밖에 없다. 많은 사람이 틈만 나면 어디서나 사회관계망서비스(SNS)로 소통하는 데 진심인 이유도 그저 스마트폰 보급률이 높기 때문만은 아닐 것이다. 우리에겐 온라인이라도 누군가와 관계를 맺는 일이 무엇보다 중요하다.

그런데 참으로 이해하기 힘든 일이 발생했다. 행복 심리학 연구자들은 한결같이 관계 맺는 일이 행복감에 가장 중요한 요소라는데, 관계에 죽고 사는 한국인의 정신건강 지표는 왜 늘 바닥일까? 대체 뭐가 잘못된 걸까? 한국인의 진정한 관계 맺기에 대해 새롭게 고찰해야 할 일은 없는 걸까?

나는 드디어 한국인의 관계와 경계를 제대로 설명해볼 기회를 만났다. '사회적 거리두기'로 인해, 거리두기가 불편감을 줄지언정 모두의 신체 건강에 반드시 필요한 일이라는 인식이 생겼기 때문이다. '거리두기'의 이점은 꼭 신체에만 국한된 진실이 아니다. 마음도 마찬가지다. 마음에도 적절한 거리두기가 필요하다. 특히 인간관계를 맺는 일에서는 더더욱 거리두기가 절실하다. 가장 건강한 관계는 서로의 경계를 침해하지 않는 안전한 관계이기 때문이다.

관계를 중요하게 생각하는 우리가 흔히 쓰는 말이 있다.

"우리가 남이가?"

한국과 같은 집단주의 문화에서는 나와 너의 경계가 자꾸만 모호해진다. 아이러니하게도, 하나됨을 강조하는 이런 문화에서 자주 발견되는 갈등 유발 요인은 혈연, 지연, 학연 등의 연고주의다. "우리가 남이가?" 건배사를 외치며, 우리는 모두 하나라고 주장하지만, 실상은 늘 '끼리끼리' 하나가 되게 마련이다. 그래서 우리는 오랫동안 좌와 우, 동과 서 등으로 갈라져 편을 나누어 갈등하면서 서로를 단죄하는 역사를 반복하고 있다.

미국 프린스턴대학교의 역사학자 일레인 페이글스(Elaine Pagels)는 『사탄의 기원(The Origin of Satan)』에서 역사적 사실 가운데 나타난 사탄에 대한 인식을 추적했다. 사탄은 유대교나 기독교에서 악마를 지칭하는 말이다. 실지로 사탄은 박쥐 날개와 꼬리가 있고, 머리에 뿔난 모습을 하고 있지 않았다. 페이글스 교수는 종교의 세계에서 악마로 인식되고 정죄되는 사람들은 그저 자신과 신념과 생각을 달리 하는 타인(other)에 불과했다고 진단했다.

비단 종교의 세계만이 아니다. 조직이나 직장에서도 우리는 타인을 너무 빨리 판단하고 평가한다. 빛의 속도로 상대방을 판단하고 낙인찍는 사람들은 상대방을 자신과 똑같은 인격체로 여기는 일이 점점 힘들어진다. 상대방(thou)은 늘 부정적인 판단과 평가의 대상(it)에 머물게 되고, 때때로 못된 악마처럼 여겨질 때도 많다. 타인에 대한 판단이 빠르면 진정한 관계 맺기는 점점 요원해질 수밖에 없다.

새로운 관계 맺기의 시작은 아주 잠시라도 즉각적인 판단을 멈추는 일이다. 잠시 판단을 멈추어야 나와 상대방 사이에 적절한 거리가 생긴다. 잠시 생각을 멈추고 상대방의 경계를 존중할 때 새로운 만남이 시작된다. 나는 관계와 경계를 건강하게 유지하는 방식을 희랍철학의 개념인 '에포케(판단중지)의 기술(art of epoché)'이라고 부르고 싶다. 나는 이 책에서 자신에 대한 자동적인 비난과 타인을 향한 즉각적인 판단을 멈추면 비로소 보이는 관계회복의 신비를 증명해 보이려고 한다.

낮은 자존감과 자기비하의 감정으로 자기주장을 드러내는 일을 두려워하는 이들이 있다면, 이들에게는 판단중지의 기술을 통해 진정한 자신과 만나는 일이 필요하다. 타인과의 관계 가운데 자신의 자리가 없다는 느낌이 들고, 때로는 가족들에게도 죄책감을 느끼며 늘 가족을 위해 희생해야 할 존재로 산다면 더더욱 '마음의 거리두기'가 필요하다.

요즘 우리 사회에서 소위 꼰대 세대와 밀레니얼 세대와의 소통은 중요한 국가적인 난제처럼 떠오르고 있다. 나는 종종 타인과 관계 맺은 일보다 내 실속을 차리는 일을 최우선으로 여긴다는 밀레니얼 세대를 만난다. 지나친 개인주의라고 혀를 찰 일이 아니다. 그런 말을 하는 데는 다 이유가 있다.

이들은 대부분의 관계가 늘 숨통을 조이고 커다란 짐처럼 여겨진다고 호소한다. 타인과의 관계가 유난히 힘겹고 자신의 욕구나 감정을 잃어가는 느낌이 드는 이유 역시 건강한 관계의 거리두기가 부재하기 때문이다. 지금이라도 관계의 거리두기를 새롭게 시도한다면, 우리 미래 세대의 무궁무진한 창의성까지 살려낼 수 있다고 나는 굳게 믿는다.

나는 우리 사회 구성원 누구나 관계를 짐으로 여기지 않고, 우리 모두에게 주어진 가장 따뜻한 선물인 것을 다시금 느끼도록 만들고픈 다부진 바람을 가지고 이 책을 썼다. 물론 나의 부족한 필력으로 그 바람이 얼마나 이루어질지는 의문이다. 하지만, 한국은 물론 국제 사회의 주역으로 살아갈 MZ세대가 꼭 건강한 관계 형성을 통해 자신의 무한한 잠재력을 마음껏 펼치길 기대하면서, 이제 성인이 되어 사회로 진출하는 나의 자녀, 다빛과 다함에게 먼저 이 책을 선물하고 싶다.

2022년 1월
연세대학교 연구실에서
권수영

차례

. 1 .

당신은 지금, 여기에서
대화하고 있습니까?

. 2 .

상처를 주지도 받지도 않는
대화법

당신은 지금, 여기에서
대화하고 있습니까?

. 1 .

우리에게는 '지금, 여기'에 집중한 '나와
너'의 대화가 필요하다.

누구나
겉보기로
사람을
판단한다

새로운 사람을 만날 때는 누구나 상대방의 첫인상을 먼저 파악한다. 그 사람의 외형이나 말투 혹은 태도에서 풍기는 이미지 등을 보고 어떤 사람인지 짐작해보는 것이다. 나와 잘 맞을지 아닐지, 내향적인 사람인지 외향적인 사람인지, 더 나아가 하는 일이 무엇인지 등을 다방면으로 살펴보게 된다.

　나는 처음 만나는 사람들에게서 '연예인 같다'거나 '교수 같지 않다'는 말을 자주 들었다. 지금처럼 머리가 하얗게 세고 나이를 먹기 전에는 머리를 꽤 길게 길렀는데, 그러다 보니 음악을 하는 사람이냐는 질문도 많이 받았다. 게다가 아내가 대학에서 성악을 가르치고 있어서 집에 악보를 많이 쌓아두는데, 그 악보를 보고 종종 이삿짐센터 직원들이 작곡이나 지휘를 하냐고 묻기도 했다.

또 TV에서 내가 강의했던 심리나 상담 관련 방송을 시청한 사람들은 나를 당연히 심리학과 교수라고 짐작하기도 한다. 그러다가 내가 신학대학원 소속이고, 예전에 잠시 목회한 적도 있는 성직자라는 말을 들으면 모두 깜짝 놀란다. 나에 대한 이러한 선입견에는 아마도 캐주얼한 복장이나 길고 곱슬곱슬한 머리가 한몫했을 것이다.

누군가를 판단할 때 사용되는 겉모습을 '그것(it)'이라고 해보자. 어떤 사람의 정체성은 바로 그것에 따라 순식간에 결정된다. 머리가 길다는 이유로 음악가라고 생각하기도 하고, 대중 강연을 자주 하고 방송에 가끔 출연한다는 이유로 심리학 교수라고 판단하기도 한다. 그것은 진짜 '나'가 아니다. 단지 나의 모습 중에 겉으로 드러난 일부일 뿐이다.

사람은 눈에 보이는 아주 작은 단서 하나만으로 누군가를 판단하게 된다. 나와 관련된 예를 하나 더 들어보자. 유학 시절, 박사과정을 밟으면서 한인 청년들을 지도하는 목사직을 맡았을 때 이야기다. 당시 나는 삼단으로 된 커다란 은반지를 끼고 다녔는데, 어느 날 한 청년이 나에게 다가와 내가 낀 반지가 너무 불량해 보인다고 진지하게 말했다. 목사님이 얌전한 반지를 껴야지 마치 로커처럼 너무 화려한 반지를 끼고 있다는 것이다. 그 청년은 나와 격의 없는 대화를 나눌 수 있는 솔직한 사람이었고, 다른 사람에게도 비슷한 이야기를 들은 적이 있어서 나는 결국 은반지를 빼고 다녔다.

그런데 그 반지에는 아버지와 관련된 일화가 숨어 있다. 그 반지는 갓 환갑을 넘긴 이른 나이에 돌아가신 선친의 유품이었다. 선친은 결혼반지를 일찍이 팔아 교회에 헌금으로 냈고, 지인이 고혈압에 좋다는 이유로 선물한 은반지를 돌아가실 때까지 끼고 계셨다. 아버지의 물건 하나를 지니고 싶었던 나는 돌아가신 아버지의 손가락에서 그 반지를 빼서 끼고 다녔다.

지금 나는 한동안 빼두었던 그 은반지를 다시 끼고 다닌다. 나이가 들어서 나도 선친처럼 고혈압이 생기면서 다시 아버지가 떠올랐다. 아버지가 건강에 좋다고 믿었던 그 반지를 다시 끼고 싶었다. 진짜 건강에 도움이 되는지 아닌지는 중요하지 않다. 그때 그 청년이 반지에 대해 나에게 잠시 물어봤다면 얼마나 좋았을까, 그랬다면 선친에 관해 좀 더 따뜻한 대화를 나눌 수 있지 않았을까 상상하곤 한다.

이스라엘 히브리대학교 사회철학 교수였던 마르틴 부버(Martin Buber)라는 철학자가 있다. 그는 인간의 본질이 관계에 있다고 주장했다. 이 주제에 천착해 연구한 덕분에 그는 '만남과 대화의 철학자'로 불리기도 한다. 그가 한 말 중에 이런 말이 있다.

　"나는 '너'인 상대방의 머리털, 말투, 성격 등을 끄집어낼 수 있다. 사실 언제나 그렇게 할 수밖에 없다. 그러나 그때마다 상대방은 나에게 '너'이기를 그치고 만다. (중략) 이때 내가 고정시키고 있는 것은 '그' 혹은 '그녀', 즉 '그것'일 뿐이다. 그때 나의 '너'는 이미 어디론가 사라지고 없다."[1]

　이 말을 풀어보면 우리가 누군가를 볼 때 시선을 고정하는 곳은 머리카락이나 반지처럼 극히 존재의 일부분인 외형적인 것, 즉 그것(it)이라는 말이다. 그렇게 되면 결국 진짜 '너'는 사라지고 없어진다. 이것은 마르틴 부버가 저술한 『나와 너』, 독일어로 '이히 운트 두(Ich und Du)'라는 책에 등장한 말이다. 이 책은 내가 가르치는 대학생들에게 맨 먼저 추천하는 인문학 도서이기도 하다.

　이 책에는 관계와 관련해 이런 말도 나온다. "사람에게 세계는 두 겹이다. 세계를 맞이하는 사람의 몸가짐이 두 겹이기 때문이다." 우리가 다른 사람과 관계를 맺을 때 '나와 너'의 구조에서 만나는 사람이 있고, '나와 그것'의 구조에서 만나는 사람이 있다는 것이다. 상대방의 본질을 꿰뚫는 관계가 있는가 하면, 단지 '그것', 독일어로는 'es'에만 집중하는 관계도 있다고 지적한다.

부버는 이를 독일어로 '그룬트월트(Grundwort)'라고 했다. 번역하자면 '근원어'라는 뜻이다. 관계에 있어서 근본적인 사고의 틀이 '나와 너'인지 혹은 '나와 그것'인지 묻는 것이다. 어떤 쪽을 선택하느냐에 따라 우리는 두 겹 중에 하나의 몸가짐과 관점을 가질 수밖에 없다.

더 나아가 부버는 이렇게까지 이야기한다. 나(ich)는 그 자체로 존재할 수가 없다. 왜냐하면 모든 존재는 두 겹의 세상을 보는 관점, '나와 너의 나'이거나 '나와 그것의 나' 안에 있기 때문이다. 나와 너의 관계이거나, 나와 머리카락의 관계이거나, 나와 은반지의 관계인 것이다. 누군가 나의 신체 일부나 소지품을 보고 나를 평가한다면 그는 이미 '나와 너'의 근원어가 아니라 '나와 그것'에 의거해서 나의 세계를 만나는 것이다.

우리의
말이
칼이
될 때

그렇다면 부버가 이야기한 나와 너, 나와 그것, 이 두 겹 중에 나와 너를 근원어로 누군가를 만나는 방법은 뭘까? 어떻게 상대방과 관계를 맺고 함께 일할 수 있을까? 궁극적으로 누군가를 제대로 사랑하면서 살아갈 수 있을까? 이것이 이 책에서 답하고 싶은 나의 핵심 질문들이다.

실제로 나와 너의 근원어를 바탕으로 살아가는 일은 어마어마하게 어렵다. 과장하면 인생 과제라고까지 말할 수 있다. 사람이라면 당연히 상대방을 평가할 때 외형적인 것, 겉보기에 집중하게 된다. 따라서 처음부터 나와 너의 근원어를 실천하려고 하기보다 나와 그것의 근원어에서 비롯된 영향을 최소화하는 방법을 찾는 것이 훨씬 수월하다. 이때 필요한 것이 바로 판단중지를 의미하는 '에포케(epoché)'라고 하는 철학 개념이다.

먼저 우리의 대화가 어떤지 살펴보자. 인도의 성자 마하트마 간디의 손자이자 시민운동가인 아룬 간디는 할아버지로부터 배운 교훈을 이렇게 설명했다.

"우리가 모두 폭력적으로 행동하고 있다는 것을 인정하고, 우리 마음가짐에 질적인 변화를 일으켜야 할 필요가 있음을 인식하는 것. 내가 이 세상에 있는 폭력을 이해하고 인정할 수 있다면 비폭력의 진가를 더 잘 인식할 수 있으리라."

간디는 누구나 내 안에 있는, 또 세상에 있는 잘 보이지 않는 폭력을 알 수 있다면 비폭력의 가치가 더 잘 드러날 수 있다고 생각했다.

스스로 평가해보자. 나는 폭력적인 사람인가? 대부분의 사람은 자신의 선량함을 주장할 것이다. 남을 때리지도 않고, 법을 어긴 적도 없다고. 조금 더 솔직한 사람이라면 폭력적인 마음을 품은 적은 있지만, 실제로 분출한 적은 없다고 말할지도 모르겠다. 그런데 아룬 간디는 "육체적 폭력보다 더 해롭고 간악한 것은 정신적 폭력, 이는 우리의 일상적인 대화에서도 시작될 수 있다"고 말한다.

정신적인 폭력, 즉 사람의 마음에 상처를 주는 행위는 평범한 대화에서도 튀어나올 수 있다. 말 한마디로 상대방의 마음에 생채기를 내는 경우는 굉장히 많다. 따라서 나의 언어로 상대방에게 감정적으로 상처를 입힌다면 이미 정신적인 폭력을 저지르는 셈이고, 이것이 육체적인 폭력에 불을 지피는 연료의 역할을 하게 된다.

요즘 지구촌 상황을 보면 어떤 갈등이나 전쟁이 없는 상황은 좀처럼 오기 어려운 듯 보인다. 우리나라만 해도 북한과 종전하지 못한 채 수십 년을 지내왔다. 자꾸 한반도 평화에 대한 의구심이 늘어간다. 남한 내 갈등과 반목의 상황도 큰 걱정이다. 하지만 마하트마 간디와 아룬 간디가 이야기한 대로 각자 내면의 폭력적인 면을 발견하고 비폭력적으로 변화시킬 수 있다면 서서히 우리 주위가 평화로운 세상으로 바뀔 수 있지 않을까? 자신을 바꾸는 가장 주요한 첫걸음은 일상의 대화 방식부터 바꾸는 것이다.

그렇다면 비폭력이란 무엇일까? 한자 그대로 풀면 폭력이 아니라는 뜻이지만, 이것은 소극적인 정의에 불과하다. 적극적인 정의를 말하자면 '우리 마음에서 상대방을 그것(es)으로 수단화하는 폭력이 가라앉고 자연스럽게 인간의 본성인 연민의 상태로 돌아가는 것'이다. 다시 말하면 타인을 대할 때 두 겹의 관계 중 '나와 너'로 만나는 것이 비폭력의 시작일 수 있다.

성공회 신학자이자 기독교 윤리학자인 스탠리 하우어워스 (Stanley Hauerwas)라는 사람이 있다. 그는 자신의 전공대로 사회 전반에 비폭력 평화주의를 전파하며 긍정적인 영향을 끼친 석학이다. 어려서부터 철학과 신학을 공부하기 위해 일찍이 부모 곁을 떠난 그는 부모님 댁에 갈 때마다 사슴 사냥용 소총을 조립하는 아버지의 일상을 남의 일처럼 여겼다. 그는 박사학위를 바치고 예일대학교에서 윤리학을 가르치기 시작하면서 총기 허가제를 주장하며 글과 강연으로 많은 사람을 설득하는 일을 시작했다.

부친이 반대하는 여인과 결혼한 하우어워스는 아내와 함께 고향을 방문하기로 했다. 현관문 앞에서 이들을 맞이한 아버지 는 근사하게 장식한 소총 한 자루를 건넸다. 아버지의 총 선물 을 받은 하우어워스는 갑작스럽게 열을 내면서 총기 정책의 비 합리성을 설명하기 시작했다. 급기야는 자신이 언젠가는 미국 사회에서 총을 마음대로 갖지 못하게 만들겠다는 강한 다짐을 아버지한테 전달하기에 이르렀다. 그의 태도에 아버지는 몹시 당황했고, 두 사람의 대화는 더 이상 이어지지 못했다.

그런데 하우어워스는 나중에 이를 회고하면서 이런 이야기 를 한다.

"당시 미국 사회의 총기 관련 법률 체계와 사회정책에 대한 나의 도덕적 판단은 명확했고 올바른 것이었다. 하지만 그런 상황과 아버지와의 관계에서 그런 대화를 했다는 것은 도덕발달 단계의 최하위 수준이었다. 나는 아버지를 한 번도 제대로 만나지 못했다. 내가 아버지와의 만남에서 항상 보았던 것은 아버지가 들고 있었던 고작 한 자루의 총이었다."

평생 평화를 연구해온 석학 하우어워스도 아버지와의 일상 대화에서 비폭력적으로 대화할 수 없었음을 자인한 것이다. 하우어워스가 비폭력 대화에 실패한 이유는 무엇일까? 결혼을 반대한 아버지에 대한 소심한 복수였을까? 아니면 속으로 다른 나쁜 마음이라도 먹었기 때문일까? 아니다. 아버지와의 대화에서 '나와 너'의 근원어로 이야기하지 않았기 때문이다. 그는 아버지의 본심, 사랑, 연민은 보지 못한 채 총 한 자루(es)만 본 것이다. '나와 그것'의 근원어가 우선이었기 때문에 아버지와 아들 사이에 아름다운 만남의 순간과 화해의 기회가 될 수도 있었던 그들의 대화는 폭력적으로 마무리될 수밖에 없었다.

'나와 너'의 대화가 어긋나는 이유

이처럼 나와 너의 대화를 하기란 결코 쉬운 일이 아니다. 나와 그것의 평가를 최소화하고 가능하다면 피해야 하지만 의식하지 않으면 나도 모르는 사이 상대방의 외형이나 단서 하나에 집착하게 된다. 이때 문제해결의 열쇠가 될 수 있는 것이 바로 앞에서 말한 에포케, 판단중지다.

우리가 흔히 알다시피 그리스의 고대 철학자들은 광장에 모여 삼라만상에 관한 논쟁에 몰두하곤 했다. 논리가 꼬리를 물고 이어지면 논쟁을 지켜보는 모두가 혼란에 빠지기 일쑤다. 우리가 흔히 닭이 먼저냐, 달걀이 먼저냐를 가지고 논쟁을 벌이는 일이 그중 하나일지 모른다. 닭이 없는데 어찌 달걀을 낳을 수 있겠는가? 반대로 달걀을 깨고 나오지 않는 닭은 없지 않은가?

　반나절 이상 끝나지 않는 논쟁을 지켜보고 있자니 결국 회의론자들의 인내심은 한계에 부딪힐 수밖에 없었다. 이들은 어떠한 논리적 판단도 반론에 부딪힐 수밖에 없음을 천명하고 에포케를 주장했다. 고대 철학의 에포케는 한동안 철학계에서 제대로 주목받지 못한 개념이었다. 누가 뭐래도 철학은 논리를 먹고 사는 학문이기 때문이다.

　에포케 개념을 가장 깊이 연구하고 새로이 정립한 사람은 독일의 철학자 에드문트 후설(Edmund Husserl)이다. 그는 의식에 직접 부여되는 현상의 구조를 분석하는 철학인 현상학의 대가로, 에포케의 개념을 '현상학적 환원'이라는 말로 새롭게 설명했다. 그의 설명은 누구나 자신이 경험했던 과거의 시간과 죽은 공간에 머물러 있어서 눈앞에 펼쳐지는 현상을 있는 그대로 이해하기 어렵다는 데서 출발한다.

　지금 바로 앞에 있는 현상을 알기 위한 최소한의 장치가 바로 에포케다. 당신은 머리가 긴 음악가를 만난 경험을 가지고 있다. 굵은 삼단 은반지를 낀 로커를 본 적도 있다. 그렇다고 지금 여기에서 당신이 만나는 사람이 예전에 만났던 머리 긴 음악가는 아니다. 로커 같은 반지를 끼고 있다고 해서 당신 앞에 있는 사람이 예전에 보았던 그 로커도 아니다. 그런데 사람들은 과거에 자신이 경험한 틀에 갇혀 눈앞에 있는 현재의 사람을 쉽게 판단해버리곤 한다.

이럴 때 '지금 여기(here and now)'의 경험으로 빨리 돌아오는 것, 그것이 바로 에포케다. 최대한 지금 여기 이 공간에서 내 앞에 있는 그 사람을 있는 모습 그대로 이해하려고 하는 것, 이것이 바로 현상학적 환원이다.

'지금 여기'를 특히 많이 이야기하는 학문이 있다. 내가 전공한 상담학이다. 상담에서 살아 있는 공간은 어디일까? 내담자와 상담사가 만나는 좁은 공간, 바로 여기가 살아 있는 공간(lived space)이다. 나머지는 죽은 공간처럼 의미가 없다. 내가 만나는 이 사람을 제대로 이해하려면 최대한 지금의 경험으로 빨리 돌아와야 한다.

숙련되지 않은 상담사들은 이 부분에서 실수를 범하기 쉽다. 지금 여기에 있지 않고 자꾸 수업 시간에 배운 과거 경험으로 되돌아간다. '교수님이 지난번 이야기했던 정신분석 개념을 이 내담자에게 한번 적용해봐야겠다'는 당찬 생각을 하면서 말이다. 배운 내용에 충실하고자 하는 성실한 학생처럼 보이지만, 임상가로서는 실패를 맛볼 수밖에 없다. 지금 자신 앞에 있는 내담자를 제대로 만나기는 점점 더 어려워지기 때문이다.

앞서 사례로 든 하우어워스는 아버지와의 대화 공간, 지금 여기에 있었는가? 결코 그렇지 않았다. 대화의 순간에도 그는 지금껏 자신이 집필해온 총기 정책 반대에 대한 칼럼이나 비폭력 이론에 머물러 있었다. 아버지와 함께 마주 앉은 공간이 아닌 연구실에 남아 있었던 것이다. 그러면 계속해서 과거에 머무르게 되고, '영원한 현재(eternal now)'에 집중할 수 없다.

영원한 현재에 집중하는 사람들은 시간이 현재에 멈춰 있는 듯이 느낀다. 내가 만난 한 화가는 그림을 그리는 순간만큼은 시간의 경과를 전혀 느끼지 못한다고 말했다. 때로는 하루 종일 작업실에 있어도 언제 시간이 그리 지났는지 느끼지 못한다. 영원한 현재는 나 같은 전문 상담사에게 숙련도의 증거가 되기도 한다. 내담자와의 50분 상담 시간이 마치 순간처럼 느껴지는 상담사라면 내담자와의 지금 여기에 집중하고 있는 상담사라고 여길 만하다. 하지만 대부분의 초보 상담사들은 시간이 엄청나게 더디게 간다고 느낄 수밖에 없다.

미숙련 상담사가 영원한 현재를 만끽하지 못하는 데는 이유가 있다. 내담자의 이야기에 집중하지 않고 홀로 시간여행을 하기 때문이다. 미래로 앞서 나가 '이 이야기가 끝나면 무슨 말을 해야 하지? 다음에 어떤 질문을 해야 하지?'라는 생각으로 가득한가 하면, 과거로 돌아가 '이런 내담자 생전 처음인데? 한 번도 만나본 적 없는데 어쩌지?'라는 두려움에 빠지기도 한다.

반대로 '그동안 이런 내담자들 많이 만나봤어. 아무래도 나는 이혼 위기 전문가가 될 거 같아'라며 우쭐한 감정에 빠지기도 한다. 좋은 상담사라면 과거에 빠져버린 회상, 오지도 않은 미래를 우려하는 불안에서 속히 벗어나야 한다. 그래야 영원한 현재를 사는 전문가가 될 수 있다.

하우어워스 역시 아버지와의 대화 시간을 온전히 영원한 현재로 만들지 못했다. 총기에 대한 의견 차이 외에도 그들에게는 본질적인 갈등이 있었다. 그가 결혼하려는 사람을 아버지가 반대했고 결혼식에도 참석하지 않았기 때문에 내면에는 아버지를 향한 섭섭함이 쌓여 있었다. 상처 입은 과거의 시간을 생각하면 아버지가 불편할 수밖에 없고, 따라서 현재에 집중하기 더욱 어려웠던 것이다.

그렇다면 우리는 단 한 번도 지금 여기에 집중한 대화를 해본 경험이 없을까? 곰곰이 생각해보면 누구나 나와 너의 대화를 한 적이 있다. 바로 연인과 대화할 때다. 사랑하는 사람과 대화를 나눌 때는 영원한 현재가 시작되고, 남들의 시선 따위는 신경 쓰지 않는다. 모든 배경이 날아간 그곳에는 오직 두 사람만 존재한다. 몇 시간이 마치 1분처럼 쏜살같이 지나간다. 나와 너의 대화는 불가능하지 않다.

그런데 문제는 우리가 늘 연인만 만날 수는 없다는 것이다.

연인과의 관계도 결혼하고 세월이 지나면 집중도가 떨어지기 마련이다. 게다가 우리는 사회생활에서 수없이 많은 타인과 대화해야 한다. 그렇다면 나와 너의 대화를 지속할 수 있는 방법을 찾아야 한다.

후설은 에포케를 '괄호 치기(bracketing)'라는 별명으로 설명했다. 인간은 누구나 과거에 매여 있고, 과거의 판단을 가지고 현재를 가늠하는 버릇이 있다. 지금 여기에 집중하기 위해서는 과거의 경험을 잠시라도 괄호 안에 묶어두어야 한다. 지우개로 과거 경험을 모두 지울 수는 없기 때문이다.

자신은 과거 경험에서 온 생각이나 판단에 전혀 휘둘리지 않는다고 자신하는 사람이 있다면 실은 그런 이가 가장 위험한 사람일 수 있다. 그저 과거 경험을 아주 잠깐 괄호 안에 묶어두는 것만 가능할 뿐이다. 후설은 이것이 훈련으로 가능하다고 주장했다. 윤리학의 대가도 아닌 평범한 우리가 에포케 혹은 괄호 치기를 하면서 지금 여기의 대화나 만남을 진행할 수 있을까? 여기에서 나는 대화법을 하나 소개하려고 한다. '비폭력 대화', 영어로는 Non-Violent Communication, 줄여서 NVC라고 하는 소통 방법이다.

가까운
사이에서부터
시작하는
마음의 거리두기

비폭력 대화의 창시자인 로젠버그는 이것을 'Compassionate Communication'이라고 표현하기도 했다. 우리말로 풀어보면 상대방을 애틋하고 불쌍하게 여기는 '연민의 대화'라는 의미다. 나는 이것을 '에포케 대화'라고 바꿔 부르고 싶다. 이 대화법은 인간에 대한 이해가 바탕이 되어야만 가능하다. 상대방의 그것(es)만 보고 판단하면 절대로 할 수 없다. 지금 여기에서 상대방을 너(du)로 만나는 대화가 필요하다.

우리는 그동안 판단만 난무하고 본심을 만날 수 없는 대화를 많이 하면서 살았다. 어떻게 하면 나와 너의 관계를 유지할 수 있도록 돕는 대화를 할 수 있을까? 비폭력 대화, 에포케 대화를 잘 활용해보면 이런 일이 어느 정도 가능할 수 있다. 에포케 대화는 '지금 여기'에 집중할 때 비로소 가능해지는 나와 너의 대화다. 일상 대화에서 빠른 판단과 평가는 항상 오해와 단절을 불러올 수밖에 없다. 우리가 만나고 소통하려는 상대방은 결코 우리의 판단과 그것의 지배 아래 둘 수 없다. 머리 길이나 은반지로 나를 판단할 수 없는 것처럼 말이다.

우리는 나와 그것, 나와 너 이렇게 두 겹으로 세상을 본다. 나와 너의 근원어는 오직 자신의 전 존재를 기울여서만 말할 수 있다. 어려운 일이지만 이것이 가능하려면 상대방을 판단하기 전에 상대방을 향해 나와 너로서 어떤 욕구가 있는지부터 살피고, 욕구가 충족되지 않았을 때의 느낌을 면밀하게 살펴봐야 한다.

엄마가 집으로 돌아와 아들 공부방 문을 슬며시 열어보니, 책상에는 아들의 모습이 없다. 고개를 돌려보니 침대 구석에 누워 있는 아들 모습이 눈에 들어온다. 아들 손에는 스마트폰이 들려 있다. 엄마의 판단은 대번에 그것, 스마트폰에 집중한다.

"야! 너, 또 스마트폰이야!"

엄마의 머릿속에는 며칠 전 스마트폰 게임에 빠진 아들에게 화가 나 아들의 스마트폰을 바닥에 던지면서 난리를 쳤던 사건이 떠올랐다. 그래서 더 심한 폭언이 튀어나올 수도 있다.

"너는 그놈의 스마트폰 때문에 인생 망칠 거야! 넌 도대체
나중에 뭐가 되려고 그러니? 넌 아주 구제불능이야!"

아들은 어안이 벙벙할 수도 있다. 숙제를 마치고 지금 막 스
마트폰 게임을 시작했을 수도 있기 때문이다. 혹은 게임이 아
닌 스마트폰의 다른 기능을 이용하고 있었을 수도 있다. 아들
이 어떤 의도로 스마트폰을 들고 있었는지 전혀 알 길이 없다.
어쨌든 엄마는 궁금해하지 않았고, 과거 경험에 의거해 지금
여기에 있는 아들의 경험에는 전혀 관심을 기울이지 않았다.

더욱 더 중요한 것은 스마트폰(es)만 보고, 아들의 전 존재를
부정적으로 판단해버렸다는 사실이다. 혹시 아들이 엄마의 생
일 선물을 정성껏 골라 스마트폰으로 주문하고 있었다고 가정
해보라. 아니면 며칠 동안 화가 나 있는 엄마의 마음을 달래고
용서를 구하기 위해 사과 문자를 보내고 있었다고 가정해보라.
도대체 엄마는 아들에게 무슨 짓을 한 것인가?

사람은 누구나 그 속이 복잡하다. 오랜 시간 다른 시간을 살
아온 나에게 너(du)는 단순히 나의 과거 경험을 바탕으로는 전
혀 알 수 없는 신비한 존재임을 명심해야 한다. 그 속을 알 수

없는 신비스러운 존재라서 너는 늘 오묘한 세계다. 마치 눈앞에 광대하게 펼쳐지는 대자연처럼 겸허하게 다가가야 한다. 우리의 과거 경험으로 쉽게 판단하는 순간 그 끝을 알 수 없는 신비는 허무하게 무너져 내린다. 너라는 존재 안에 감추어진 신비를 겸허히 인정하지 못한다면, 누구든지 심지어는 가장 가깝게 느끼는 부모와 자녀 사이라도 폭력과 갈등의 대화를 이어갈 수밖에 없다.

직장에서 만나는 사람들도 예외가 아니다. 가족이나 직장 동료들에게 자꾸 화가 치밀어 오르고 이상하게도 못된 사람처럼 보이는 이유가 있다. 그들을 향해서는 남들보다 더 큰 욕구가 자리 잡고 있다. 존중받고 싶고, 인정받고 싶고, 사랑받고 싶은 욕구가 크다. 그런 욕구가 좌절되면 자동 반사적으로 상대방을 향해 분풀이를 하게 될 수도 있다. 상대방 때문이라고 판단해 퍼붓기도 하지만, 결국 자신의 과거 경험 때문일 때가 대부분이다. 그래서 자신의 과거 경험과 지금 여기의 경험 사이에 적절한 거리두기가 필요할지 모른다.

우리가 가장 가깝다고 느끼는 사람들과의 관계에서부터 마음의 거리두기를 익혀보자. 그래야 한다. 우리는 가족과 지인들을 가장 쉽게 판단하기 쉽다. 그들 잘못이 아니다. 그들의 본심을 너무 잘 알고 있다고 착각할 뿐이다. 실지로는 진짜 그들의 존재에는 전혀 다가갈 수 없다. 에포케, 마음의 거리두기를 통해서 타인과 만날 때라야 비로소 상대방을 그것으로 전락시키지 않고 나와 너라는 기적 같은 관계로 끌어올 수 있다. 나는 누구나 이것이 건강한 관계를 만들어가는 첫 번째 단추가 되리라 믿어 의심치 않는다.

앞으로 우리는 책 전반에 걸쳐 에포케의 실천방안에 대해 살펴볼 예정이다. 이를 통해 얄팍한 도구화된 관계가 아니라 나와 너를 있는 그대로 바라보는 심오한 방법을 배우고 실제 삶에서 건강한 관계를 구축할 수 있을 것이다. 가족은 물론이고 우리가 일상에서 만나는 타인에게 상처를 주지도 않고 내가 상처를 받지도 않는 관계는 과연 어떻게 가능할까?

상처를 주지도 받지도 않는
대화법

. 2 .

너(du)라는 존재 안에 감추어진 신비를 겸
허히 인정해야 폭력과 갈등의 대화를 끊을
수 있다.

상처 주지 않는
4단계
비폭력 대화

"너는 진짜 인간도 아니야!"

"너는 부모 속을 태우려고 태어난 아들 같아!"

"왜 그런 식으로 사니? 그런 식으로 엄마를 속이려고 하면 절대로 성공 못 해!"

상대방을 배려하며 말해야 한다는 사실을 모르는 사람은 없다. 감정에 치우쳐 폭언을 퍼붓거나 습관적으로 상처 주는 말을 해서는 안 된다는 것도 모두가 안다. 하지만 그처럼 극단적인 상황이 아닐 때도 우리의 대화는 완벽하지 않다. 그저 스마트폰 하나만 가지고도 얼마든지 우리는 아들의 존재에 대한 가혹한 판단과 폭언을 줄줄이 늘어놓게 된다.

"당신 요즘 스마트폰 몰래 들여다보는 거 수상해."

"스마트폰 안에 뭐 숨기는 거 있지?"

"차라리 스마트폰이랑 살지 그래. 아주 지긋지긋해!"

누구나 일상에서 타인에게 작은 생채기를 남기는 말을 하는 경우는 너무나도 흔하게 일어난다. 부부 사이라도 어느 날 스마트폰 하나로 서로 극단적인 의심과 불신의 나락으로 떨어지는 것은 시간문제다. 단 한마디면 충분하다. 왜 이런 대화로 서로에게 상처를 주는 것일까? 상대방을 '그것'이 아닌 '너'로 만나고 대화하는 방법을 잘 모르기 때문이다. 이때 필요한 방법이 바로 비폭력 대화다.

비폭력 대화는 마셜 로젠버그(Marshall Rosenberg) 박사가 창시했다. 그는 위스콘신대학교에서 임상심리학 박사학위를 취득하고, 임상 사례와 비교종교 철학을 연구해 비폭력 대화 체계를 발전시켰다. 1960년대부터 중재와 대화 기술 훈련 사업에서 처음으로 비폭력 대화를 도입했고, 1984년에 캘리포니아에 NVC 센터를 설립해 지금까지 30여 개국에 교육프로그램을 제공하고 있다. 특히 전쟁이나 분쟁이 발발한 지역, 노사 갈등이 심각한 회사 등에 NVC 전문가들을 파견해 갈등 상황을 중재하고 평화적으로 해결하는 일에 적극적으로 활용했다.

비폭력 대화는 관찰, 느낌, 욕구, 부탁의 4가지 단계로 이루어진다. 이 4가지 단어만 기억하면 될 정도로 너무 간단해 보인다. 하지만 실제 비폭력 대화를 사용해 대화하기는 결코 쉽지 않다. 이번 장에서는 비폭력 대화를 단계별로 살펴보며 실제로 일상생활에서 어떻게 적용해볼 수 있을지 알아보자.

첫 번째, 관찰 단계는 상대방의 말과 행동을 있는 그대로 보는 것이다. 중요한 점은 내가 그것을 좋아하느냐 싫어하느냐의 여부를 판단하거나 평가하는 것을 유보하는 것이다. 그래서 나라면 1단계를 에포케, 즉 판단중지의 단계라고 이름 붙였을 것이다. 상대방을 관찰하려면 판단을 잠시 멈춰야 하기 때문이다.

1장에 나온 사례를 다시 들어보자면, 내 두꺼운 은반지를 보고 "저는 성직자, 목회자가 그런 반지를 끼는 게 싫어요"라고 말하는 게 아니라 "목사님은 굉장히 두꺼운 은반지를 끼고 계시네요"라는 식으로 관찰을 먼저 진행해야 한다. 청년은 내가 반지에 얽힌 이야기를 말할 새도 없이 빠르게 판단했다. 누구나 상대방의 모습을 관찰한 그대로 중립적으로 말하기 위해서는 잠시라도 에포케가 중요하다.

윤리학자 하우어워스의 사례도 마찬가지다. 그는 총을 보자마자 곧바로 아버지의 의도와 진심까지 거의 빛의 속도로 판단하고 말았다. 눈앞에서 벌어지는 상황을 관찰하면서 '오늘 아내

를 처음 소개하는 자리에서 아버지가 선물로 내게 총을 주신다'
까지만 인식해야 했다. 총에 대한 어떠한 판단이라도 최대한 절
제하고 눈에 보이는 대로 관찰한 것만 이야기하는 것이다.

두 번째, 느낌 단계는 어떤 행동을 봤을 때 내가 어떻게 느끼
는지 파악하는 것이다. 이때 느낌을 말하라고 하면, 자칫 상대
방에 대한 평가를 담은 감정을 표출하는 것이라고 오해하기 쉽
다. 하우어워스 역시 자신의 가치관과 반대되는 아버지의 행동
에 기분이 나쁘다는 느낌을 받고 평가했다.

그러나 2단계는 총이나 상대방에 대한 감정을 이야기하는
게 아니다. 보통 대화 중 느낌은 상대방을 향해 분출되는 감정
이 겉으로 드러나기 일쑤다. 이에 대해서는 4장에서 원심력 감
정과 구심력 감정이란 설명으로 좀 더 자세히 다루겠지만, 상
대방과 공유해야 할 진짜 감정은 자신의 욕구가 무너질 때 생
기는 내면을 향한 감정이다. 비폭력 대화에서 느낌 단계 다음
세 번째 단계로 욕구가 나오는 이유다.

예컨대, 하우어워스의 욕구는 아버지를 처음 만나는 아내에
게 아버지가 자신의 가치관과 비슷한 사람으로 비쳤으면 하는
바람이었을 것이다. 그런데 그런 바람은 총을 건네는 아버지의
모습에서 한 방에 무너져 내렸을 것이다. 그렇다면 2단계의 느
낌은 아버지로 인한 분노가 아니라, 아내 앞에서 느끼는 수치

심에 가깝다.

우리나라 어법상 3단계의 욕구를 먼저 고려하면 2단계 느낌을 찾는 데 수월할 수도 있다. 그래서 우리나라 사람들이 비폭력 대화를 제대로 적용하기 위해서는 2단계에 앞서 3단계를 먼저 진행하는 것이 실수를 줄이는 방법이라고 생각한다.

우선 여기서는 원래 비폭력 대화 순서대로 설명해보겠다. 그러니까 2단계에서는 '아버지와 아내의 첫 만남에서 총부터 주시니 내가 좀 면구스럽다' 정도로 자신의 내면 느낌을 표현해야 하는 것이다.

세 번째, 욕구 단계는 내면에 어떤 바람이 있는지 찾는 것이다. 나와 그것의 관계에서는 분노밖에 나오지 않는다. 그런데 나와 너의 관계에서는 내가 바라는 바가 충족되지 않을 때 생기는 내 안의 다른 느낌을 알아차려야 한다. 욕구를 먼저 발견하면 내 안에 숨겨진 느낌을 자연스럽게 표현할 수 있게 된다.

앞서 말했듯 하우어워스에게는 아버지가 비록 아내와의 결혼은 반대했지만, 자신과 비슷한 가치관과 윤리관을 가진 분이길 바라는 마음이 숨어 있었을 것이다. 특히 아내의 눈에 아버지가 그렇게 보이길 바라는 마음이 컸는데, 만나자마자 총을 꺼내자 당혹스러웠던 것이다. 하지만 아버지를 향해 화만 내고 끝나면 나와 너의 관계는 진행되기 어렵다. 그저 나와 그것의 관계로 막을 내린다. 그래서 나와 너의 관계로 나아가기 위해서는 반드시 자신의 욕구로 인한 감정을 찾아내야 한다.

이처럼 2단계와 3단계는 자연스럽게 연결될 수밖에 없다. 여러분도 비폭력 대화를 실전에서 사용할 때는 2단계보다 3단계를 먼저 진행해보기 바란다. 자신에게 어떤 욕구가 있는지 먼저 찾아야 2단계 느낌을 제대로 알아차릴 수 있기 때문이다.

네 번째, 부탁 단계는 나와 너의 관계 욕구를 서로 충족하기 위해 구체적인 행동을 부탁하는 것이다. 하우어워스는 미국 사회의 총기 범죄를 줄이고 싶었다. 이럴 때는 총을 좋아하는 아버지를 보고 놀라는 자신의 모습을 이해해달라고 부탁할 수 있다. 또한 아버지의 욕구가 무엇인지 들어보고 이해할 수도 있을 것이다. 과거 개척시대에 살았던 아버지에게 총기는 자신과 가족을 지키는 유일한 무기였을 수 있다. 그러한 욕구를 서로 솔직하게 말하고 이해를 요청할 수 있어야 한다.

갈등 관계를 마주했을 때, 이와 같은 4단계 비폭력 대화 과정을 거치면 상대방에게 상처 주지 않는 말로 문제를 해결할 수 있다. 다만 처음에는 실천이 어려울 수 있으므로 차근차근 연습해보는 것이 좋다.

평가나
판단을
괄호 안에
묶어두기

1단계

언뜻 보기에는 쉬워 보이지만, 비폭력 대화를 제대로 실천하기 위해서는 충분한 실전 연습이 필요하다. 지금부터는 각 단계를 조금 더 구체적으로 살펴보자.

1단계는 평가나 빠른 판단을 멈춘 채 괄호 안에 묶어놓고 바라보는 관찰 단계다. 그러다 보니 당연히 판단과 관찰을 분리할 수 있는 능력이 필요하다. 1984년 UN으로부터 평화 메달을 수여받은 인도의 철학자 지두 크리슈나무르티(Jiddu Krishnamurti)는 "평가가 들어가지 않은 관찰이 인간 지성의 최고 형태다(Observation without evaluation is the highest form of intelligence)"라고 말했다. 무슨 말일까? 우리는 너무 빠르게 판단한다. 상대방을 보자마자 외모, 옷차림과 같은 '그것'으로 그 사람을 빛의 속도로 훑는다. 이걸 잠시라도 멈추도록 계속해서 훈련하는 사람이야말로 인간 지성의 최고 형태에 이를 수 있다.

보통 심리상담사를 훈련하고 양성하는 교수들은 내담자를 있는 그대로 관찰하는 일을 반드시 보고하도록 한다. 나 역시 마찬가지다. 상담보고서에는 '내담자 관찰' 항목을 두고 내담자의 모습을 옷차림, 표정, 음성이나 음조까지 정확하게 기술하도록 요청한다. 하지만 수련 상담사가 이처럼 관찰을 하는 게 결코 쉬운 일은 아니다. 자꾸 상담사 자신의 평가가 관찰 안으로 슬며시 스며들기 때문이다. 다음은 수련 중인 상담자가 관찰한 내용을 쓴 것이다.

"내담자는 첫인상이 주눅 들어 있는 인상이었다. 나이에 비해 앳되어 보이면서 안경을 착용하지 않아서인지 눈을 가늘게 뜨고 가만히 응시하듯 바라보았다. 자세히 살피지 않으면 무시당하기 좋은 인상이고 상대에게 답답한 느낌을 주어 짜증 나게 하는 인상이었다. 대인관계 문제라는 상담 목적이 내담자의 인상으로 금방 이해가 되었다. 쉽게 호감이 가는 인상이 아니었지만 신뢰관계가 형성된 후에는 웃는 모습이 맑고 밝았다. 키는 보통보다 약간 크고 체형은 보통이다."

주눅 들어 있고 무시당하기 좋은, 그리고 짜증 나게 하는 인 상이라는 관찰은 이미 관찰이 아니다. 분명 상담사의 판단과 평가가 짙게 깔려 있기 때문이다. 이처럼 관찰에는 자신의 평 가가 은근히 침범하기 일쑤다.

대인관계 문제로 온 내담자의 평가불안이나 사회공포증을 다루려면 이러한 평가가 결코 도움이 되지 않는다. 내담자의 속 마음을 있는 그대로 공감하기보다는 당연한 귀결로 여기기 쉽 기 때문이다.

내담자는 상담사가 자신을 평가하는 걸 느끼고 더욱 불안해 질 수도 있다. 그야말로 혹 떼러 왔다가 혹 붙이는 일이 발생할 수 있는 것이다. '나는 상담사에게도 이해받기 힘들어'라는 절 망감을 느끼고 상담을 중도 포기할 수도 있다.

굳이 전문 상담사가 아니더라도 우리 모두 꾸준한 관찰 훈 련이 필요한 것은 아닐까? 상대방을 향한 객관적인 관찰이라 고 자신하지만, 어느새 틈새를 파고드는 평가를 걷어내는 훈련 말이다. 우리는 누구나 무언가를 항상 객관적인 시각으로 평가 한다고 생각한다. 마음만 먹으면 사람에 대한 객관적인 평가도 얼마든지 가능하리라고 믿는다. 하지만 결코 그럴 수 없다. 판 단을 할 때는 자기 자신이 절대 기준이 되어 자신의 욕구와 가 치관이 반영되기 마련이다. 그렇다면 가치관은 절대 변하지 않는 것일까? 그것도 아니다. 그 역시 자신의 과거 경험에서 비롯된 느낌과 바람이 은근히 반영된 결과다.

미국에서 유학을 할 때의 일이다. 한번은 같은 교회에 다니는 어머니뻘 되는 여성의 집에 저녁 식사 초대를 받았다. 아내는 임신 후 입덧이 심했던지라 함께 가지 못했다. 나 혼자 그 집에 가서 보니, 항상 교회에 함께 오던 남편이 보이지 않았다. 내가 궁금해하자 그 여성이 말하길 벌써 20년 전에 이혼했다는 게 아닌가. 그때가 1990년대 중반이었으니, 당시만 해도 한국에서는 이혼이 흔한 일이 아니었기 때문에, 나는 적잖이 놀랐다. 집으로 돌아와서 아내에게 그 이야기를 호들갑스럽게 꺼냈는데, 의외로 아내는 대수롭지 않다는 듯 내 이야기를 들었다. 순간 아내의 결혼관이 의심스러워졌고, 아내의 침착함에 약간 두려운 생각도 들었다.

나중에 알게 되었지만, 주위에 이혼한 사람이 전혀 없었던 나와는 달리 아내는 가까운 가족 중 한 명이 결혼으로 인해 고통받고 결국 이혼하는 과정을 보면서 자랐다. 그래서 아내는 자신의 경험에 따라 이혼에 대한 즉각적인 부정 판단에 빠지지 않았던 것이다. 반면 나는 익숙하지 않은 경험에 맞닥뜨리자 기독교인에게 이혼은 바람직하지 않은 일이라며 바로 판단을 내려버렸다.

그때 가졌던 나의 이혼관은 결코 변치않는 절대적인 것이었을까? 상담을 전공하고 다양한 이혼 사례를 접하면서 나의 가치관도 달라지기 시작했다. 이혼의 결과에 대한 평가보다는 이혼하는 과정을 관찰하는 시간이 더 많아졌기 때문이다. 판단과 관찰을 분리하자. 물론 쉽지 않지만, 인간의 판단은 객관적이고 불변한다는 생각부터 버려야 한다.

그럼 지금부터 비폭력 대화 1단계 실전 연습을 해보자.

① 상철이는 어제 이유 없이 내게 화를 냈다.

이것은 관찰일까, 판단일까? '이유 없이'와 '화를 냈다' 모두 판단이다. 만약 "상철이가 나에게 '이유 없이 화가 난다'고 말했다"라고 했다면 관찰이다. 있는 그대로 아무 판단도 보태지 않고 실지로 상철이가 말한 그대로 전했으니 관찰한 사실에 가깝다. 혹은 "어제 상철이와 함께 밥을 먹는데 갑자기 주먹으로 탁자를 탁하고 쳤다"라고 했다면 이 역시 관찰이다. 그게 화를 낸 것인지 불안을 표출한 것인지 창피함을 드러낸 것인지는 알 수 없다. 그런데 우리는 이런 장면을 보고 '화를 냈다'고 즉각 판단한다.

자신의 언어 습관을 가만히 살펴보라. "너, 왜 자꾸 화를 내!" 같은 말을 자주 쓰지 않는가? 있는 그대로 관찰한 사실을 말한 것 같지만, 이는 명백한 판단이란 점을 기억하자. 상대방은 더 크게 소리를 지르던지, 황당해하면서 자신은 화를 낸 것이 아니라고 우길 수도 있다. 그럼 우리는 상대방을 향해 화낸 것이 맞다고 응수하기 일쑤다. 이런 대화가 오가는 것 자체가 객관적인 관찰이 아니라 평가가 난무하는 폭력 대화의 시작임을 알아야 한다.

"아들, 오늘 목소리 톤이 갑자기 커졌네? 무슨 일인지 이야기해줄래?"

아무리 상대방이 화를 분출해 보인다 해도 화를 냈다고 단정하고 내리게 되는 부정 평가를 잠시만이라도 멈춰야 한다. 그래야 비폭력 대화의 첫 단추를 끼울 수 있다.

② **아버지는 내가 전화할 때면 불평을 늘어놓는다.**

그렇다면 이건 어떨까? '불평'이라는 말이 벌써 판단 같아 보이지 않는가. '전화할 때면'이라는 말에도 역시 판단이 개입돼 있다. "아버지께서는 내가 지난주에 선물한 돋보기안경의 도수가 맞지 않는다고 말씀하셨다"라고 하면 관찰이다. 아버지의 말을 불평으로 듣는다면 관찰처럼 보여도 이미 판단으로 바뀌고 만다. 아마도 선물한 자녀는 아버지로부터 감사의 마음을 기대하고 있었을 텐데, 그런 욕구가 무너진 느낌이 반영되었을지도 모른다. 그래서 아버지의 말이 즉시 불평으로 둔갑했을 수도 있다.

　미국 병원에서 상담 실습을 할 때, 실습일지에는 반드시 관찰만 쓰도록 훈련을 받았다. 나는 '환자가 슬픔에 가득 차 앉아 있었다'라는 식의 표현을 써서 자주 혼이 났는데, 이것을 관찰로 바꾼다면 '환자가 창문을 바라보면서 눈물을 흘리고 있었다'라고 써야 했던 것이다. '슬프다'는 분명 나의 판단이기 때문이다. 환자가 어떤 이유로 눈물을 흘렸는지는 알 수 없다.

　생전 처음으로 병원에서 실습 중이었던 나는 늘 환자를 위로해야 한다는 강박에 가까운 욕구를 가지고 있었다. 그래서 안약을 넣고 눈물을 흘리는 환자조차도 모두 내가 말을 걸고 도움을 주어야 할 내담자로 판단했는지 모르겠다. 이런 경우라면 환자는 안약을 넣은 눈을 잠시 쉬기 위해 나와의 대화를 거부할 수도 있다. 그러면 나는 거절당했다고 느끼면서 이렇게 보고서에 나의 판단을 적을 수도 있다.

　'환자가 상담에 대해 매우 부정적임.'

　이는 내가 환자에게 가진 욕구가 무너졌을 때 가진 느낌이

다분히 반영된 평가다.

　이처럼 우리의 판단은 너무 성급하다. 상대방의 행동과 표정만으로 빠르게 판단하는 것을 잠시 멈추고 눈에 보이는 것만 있는 그대로 기술해야 정확한 관찰이 된다.

생각이 아닌
느낌에
집중하기

비폭력 대화의 두 번째 단계는 느낌이다. 이것은 나와 너에 대한 욕구가 좌절됐을 때 가장 밑바닥에 숨겨진 감정을 의미한다. 우리나라 사람들은 느낌을 제대로 표출하는 데 익숙하지 못한 경우가 많다. 차가운 머리로 생각하는 것이 뜨거운 가슴으로 받아들이는 것보다 더 중요하다는 인식이 있었기 때문이다. 느낌은 무시되거나 배제당하기 일쑤였다.

학창 시절에 많이 쓰던 독후감 숙제만 봐도 그렇다. 독후사(思)가 아니라 독후감(感), 다시 말해 생각이 아니라 느낌을 적는다. 그런데 정말로 느낌을 쓰면 어떻게 될까? 내 아들이 어렸을 때 「한석봉과 어머니」 이야기를 읽고 독후감을 쓴 적이 있다.

보통 우리가 이 이야기에 대한 감상을 적으면 '한석봉의 어머니는 위대하고, 지혜롭다. 배움에는 끝이 없다'라고 하기 마련인데, 아들은 '불을 끄고 연습하라고 하지도 않았으면서 갑자기 불을 꺼서 억울했을 것 같다'라고 썼다. 아들이 이 독후감으로 칭찬을 받았을까? 그렇지 않았다. 교훈과 깨달은 점을 적지 않았다고 해서 오히려 핀잔을 들었다. 아니, 느낀 점을 쓰라고 하지 않았던가.

우리는 느낀 점, 배울 점, 생각할 점 그리고 교훈을 쉽게 헷갈린다. 지성적인 판단과 감성적인 느낌도 혼동해서 사용한다. 심지어 느낀 점을 이야기하라고 해놓고 옳고 그름으로 판단할 때도 있다. '좋다, 나쁘다'라는 판단을 넣어서 기분을 이야기하기도 한다. 기분이 좋다, 기분이 나쁘다는 식으로 말이다. 진짜 감정을 잘 표현하는 법을 당최 배운 적이 없기 때문이다.

그런데 단 한 가지, 잘하는 감정 표현이 있다. 상대방의 그것(es)에 반응해 감정을 무차별적으로 상대방을 향해 발산하는 일이다. 내가 무엇을 느끼는지는 제대로 드러내지 못하면서 짜증을 내거나 화를 내는 등 상대방을 향한 감정만 활성화하는 일은 매우 잘한다. 이때도 대체로 긍정적인 감정보다는 부정적인 감정을 상대방을 향해 발산하기 마련이다.

이런 모습은 학습된 것이 아니다. 주변에 아이가 두 명인 집을 살펴보면 부정적 감정 표출 방식을 누구나 선천적으로 가지고 태어났다는 사실을 잘 알게 된다. 둘째가 태어나면 천사 같았던 첫째 아이는 동생을 미워하고 부모에게 앙탈을 부리고 반항하기 시작한다. 거의 예외가 없다. 이것은 아이의 도덕성이 갑자기 나빠진 것이 아니다. 그래서 무조건 부정적으로 평가하는 일만 앞세우면 감정 표출 방식만 더욱 강화할 뿐이다.

문제는 자신이 독차지하던 부모의 사랑을 갑자기 나타난 동생이 빼앗는다고 느끼기 때문이다. 지속적으로 관심 받고 싶은 욕구가 제대로 충족되지 않아 불안해하면서 동생을 괴롭힌다. 자신의 밑바닥에 있는 불안 감정을 왜곡된 방식으로 엄마와 아빠를 향해 표현하는 것이다.

에포케, 즉 판단중지는 관계 욕구가 충족되지 않아 가장 밑바닥에 생기는 감정을 알아차리기 위해서도 중요하다. 상대방의 그것을 내가 빠르게 판단하고 평가하는 것을 잠깐 괄호로 묶어놔야 한다. 여기에서 한 가지 조건은 대상을 향한 판단은 멈추되 충족되지 않았던 나의 욕구는 들여다보는 것이다. 그래야 현재 불만족스러운 자신의 내면 감정까지 깊게 파고들 수 있다.

① **회사에서 직장 상사한테 무시당했다.**

우리가 흔히 쓰는 감정표현 중에 '무시당했다'는 말이 있다. 이것은 욕구가 충족되지 않은 내면의 느낌일까? 아니면 상대방을 향한 느낌일까? 조금 헷갈리지만, 답은 상대방을 향한 느낌에 가깝다. 상대방을 향한 부정적인 감정을 잠시 괄호 치기를 한다면 '(인정받고 싶은 욕구가 충족되지 못해서) 자신에게는 자괴감을 느낀다'로 표현할 수 있을 것이다. 인정 욕구가 무너지는 바람에 스스로 부끄러워진 것이 진짜 내면의 느낌이다.

② **믿었던 사람에게 배신당했다.**

이것도 마찬가지로 배신자, 즉 상대방을 향한 부정적인 느낌이다. 내가 아무런 욕구나 욕망을 느끼지 못하는 대상에게는 이러한 감정이 나타나지 않는다. 배신이라는 느낌은 상대방과 내가 서로 사랑을 주고받고 싶다는 욕구가 분명히 있었기 때문에 생긴다. 괄호 치기로 가만히 내면을 살펴보면 '(사랑을 주고받고 싶은 욕구가 더 이상 충족되지 못해서) 스스로 황망하게 느낀다'로 표현할 수 있을 것이다.

이게 바로 비폭력 대화가 이야기하는 2단계 느낌이다. 재차 강조하자면, 상대방에 대한 어떤 관계적인 욕구가 무너졌을 때 나의 내면에 생기는 감정이 더욱 중요하다. 이 욕구에 대한 탐색은 내 감정에 대한 책임을 어디에 묻고 있는지 세밀하게 파악하는 데 반드시 필요한 과정이다. 우리는 감정의 책임을 모두 상대방에게 전가하느냐, 아니면 어느 정도의 책임을 자신에게 두느냐의 갈림길에 서 있다. 감정에 대한 모든 책임을 상대방에게 떠안기는 일을 멈추려면, 자신이 상대방을 향해 품고 있는 욕구를 먼저 다룰 수 있어야 한다.

책임을
묻기 전,
자신의 밑바닥
들여다보기

3단계

비폭력 대화의 3단계는 욕구 단계다. 이때 자신의 느낌에 대하여 자신이 스스로 책임을 지려는 태도가 전제되어야 한다. 오직 상대방의 그것(es), 즉 말투나 태도 때문에 내게 감정이 발생하는 것이 아님을 받아들이는 일이 중요하다. 이는 상대방에게도 어떤 내면의 욕구가 무너져서 저렇게 말하는 것일 뿐 그 사람(du) 자체는 문제가 아니라고 하는 메시지가 그 안에 숨겨져 있다. 이게 비폭력의 가장 중요한 열쇠다. 다른 사람들의 말이나 행동이 우리의 느낌을 불러일으키는 '자극'은 될 수 있어도, 결코 느낌의 전적인 '원인'은 아니라는 인식이 중요하다.

누군가에게 '이기적이다'라는 말을 들었다고 생각해보자. 그러면 보통 열 명 중에 두세 명은 자신을 탓한다. 자존감에 상처를 입고 우울해하며 부끄러워한다. 나머지 일고여덟 명은 분노하며 억울해한다. 되레 상대방을 탓하고 욕하기도 한다. 그리고 이런 두 가지 방식과는 다른 세 번째 반응이 있다. 바로 내욕구를 찬찬히 들여다보는 것이다.

이때 역시 판단중지를 사용한다. 상대방에 대한 감정보다는 내가 가진 '나와 너의 관계'의 욕구를 먼저 살피고, 충족되지 않은 자신의 느낌을 인식하기 위해서다. 예를 들어 "내가 평소에 너에게 꼭 도움을 주는 존재이길 바랐는데, 그게 이루어지지 않아서 너무 속상해"라는 식으로 말해볼 수 있다.

이런 대화에서는 현재 내 느낌의 근원이 나의 욕구에서 비롯되었음을 파악하는 것이 가장 중요하다. 한마디로 말하면, 내 느낌은 너 때문이 아니라 나 때문이라고 말하는 방식이다. 이건 결국 나와 그것의 관계로 나아가지 않고, 나와 너의 관계를 깨지 않는 핵심이다.

교육학에는 'You 메시지, I 메시지'라고 하는 개념이 있다. 우리말로 풀어보면 '너를 향한 지시, 나를 통한 지시'인데, 행동변화를 지시할 때 어떤 표현방식을 택하는가에 따라 상대방에게 다른 어감을 전달한다는 뜻이다.

'너'를 향한 지시는 상대방을 궁지에 몰아넣는 대화다.

"너, 그런 식으로 행동할래? 너는 그게 문제야!"

이런 대화를 이어가다 보면 상대방의 문제는 상대방 존재 자체로 변모한다. 하지만, 나를 통한 지시는 자신을 활용하여 상대방에게 간접적인 통찰을 얻게 하는 방식이다.

"네가 그런 식으로 행동하면 엄마가 속상하지 않겠니? 그런 문제를 또 일으키면 아빠도 화내실 거야!"

흔히 You 메시지에 비해 I 메시지가 더 효과적인 대화법이라고 생각하지만, 과연 그럴까?

책임을 묻는 방식을 자세히 살펴보자. 너를 향한 지시에는 모든 책임을 상대방에게 전가한다.

"네가 그런 식으로 공부하니까 성적이 그 모양이지!"

이것은 전형적인 You 메시지다. 반면 "네가 그런 식으로 성적이 안 나오면 엄마가 속상하지 않겠니?"라고 한다면 I 메시지를 사용한 셈이지만, 여전히 상대에게 책임을 전가해버렸다. 책임 전가 측면에서는 두 대화법이 크게 다르지 않아 보인다.

그렇다면 또 다른 대안적인 대화법을 생각해보자. 바로 '에 포케 대화'다. 이때 책임은 원천적으로 나에게 있다. 위의 사례를 에포케 대화법으로 다시 시도해보자.

"네가 공부를 다른 방식으로 했으면 하는 엄마의 욕구가 너무 큰가 보다. 그래서 엄마가 자꾸 조급한 느낌이 드는구나."

이 문장에서는 느낌의 원인을 나의 욕구에서 찾는다. 이런 방식으로 대화하면 나와 너의 관계를 지켜갈 수 있다.

상대방을 무시하고 인간 취급도 하지 않을 정도로 극심하게 비판할 때는 필연적으로 나와 그것의 대화가 될 수밖에 없다. 이때도 마찬가지로 상대방을 향한 내면의 욕구가 충족되지 않아 왜곡된 형태로 발화되고 있다는 점을 알아야 한다. 나와 너의 관계를 유지하면서 상대방을 향한 나의 욕구에 초점을 맞춰야 제대로 된 표현이 가능해진다.

상대방을 향한 내 욕구를 들여다보는 것은 나와 너의 관계를 유지하는 데 중요한 다리 역할을 한다. 우리가 순식간에 나- 그것(ich-es)으로 치달아 관계를 무너뜨리지 않고 최대한 나-너 (ich-du)의 관계로 남아 있도록 도움을 주는 것이다.

이번에는 실전 연습을 해보자. 책임을 어디에 두고 있는 말인지 한번 살펴보자.

① 당신이 이렇게 늦게 들어오면 정말 나는 신경질이 나.

이 말은 늦게 들어온 배우자에게 책임을 모두 전가하는 것처럼 보인다. 그런데 사실은 아내가 그날 근사한 저녁 식사를 준비해두었다가, 늦게 들어온 남편을 보고 속상한 마음이 너무 컸을 수도 있다. 하지만 서운함을 표현하지 않고 단순히 화가 난다고 말하는 것이다.

이런 대화에서도 잠시 자신의 욕구를 들여다보는 일이 유용할 수 있다. 내가 준비한 저녁 식사로 인해 내 안에 상대방이 정시에 들어오기를 간절히 원하던 바람이 있었다는 사실을 살펴보는 것이다. 그런데 남편의 늦은 귀가로 인해 자신의 욕구가 무너지자 갑자기 자신의 노력과 기대가 허물어진 것 같은 자괴감을 느꼈을 것이다. 그런데 안타깝게도 내면의 자괴감을 표현하는 대신 상대방을 향해 분풀이를 하는 것으로 대화는 끝나고 만다. 다음 문장도 한번 살펴보자.

② 네가 장학금을 타서 엄마는 너무 기쁘다.

겉보기에는 장학금을 탄 아들을 칭찬하는 말인 것 같다. 그렇지만 상대방이 만들어내는 결과에 좌우되는 칭찬은 상대방에게 큰 부담으로 다가오는 경우가 있다. 아들이 평소에 엄마에게서 칭찬 한번 받아본 적이 없고, 그간 단 한 번도 장학금을 탄적이 없었다고 가정해보라. 그런 아들이 장학금 수여 여부만이 엄마에게 기쁨을 주는 일이라고 받아들인다면 아들은 다음 학기가 무척 부담스러워진다. 게다가 다음 학기는 장학금을 탈자신감이 충분치 않다면, 더 이상 엄마에게 기쁨을 주는 일이 없을 것 같은 불안감이 들 수 있다.

만약 아들이 다음 학기에 장학금을 타지 못한다면 엄마가 기쁠 일이 없을까? 그렇지 않을 것이다. 실은 엄마가 장학금 때문에 기쁜 것이 아니다. 엄마가 진정 원하고 바라는 것은 무엇일지 생각해보라. 장학금을 원했던 것이 아니라, 아들이 처음으로 학업적인 노력에 대한 합당한 결과를 얻고 스스로 자신감을 얻게 되길 간절히 원했을 것이다. 그렇다면 아들의 장학금 수여 여부가 엄마의 기쁨을 좌우하는 것은 아니다. 엄마가 실망하는 것도 자신의 욕구가 큰 탓이고, 엄마가 기쁜 까닭도 자신의 욕구가 이루어졌기 때문이다.

"장학금을 타기 위해 밤을 새우며 노력하고도 불안해하는 너를 보고 엄마는 네가 자신감을 가졌으면 하고 간절히 바랐는데, 그런 엄마 바람이 이루어져서 엄마는 너무 행복하다"라고 말한다면 어떨까? 엄마 자신의 욕구를 강조해서 아들에게 어떠한 책임도 전가하지 않았기 때문에 아들은 장학금에 대해 불필요한 부담감을 내려놓을 수 있다. 이제 자신감을 회복한 아들은 계속해서 엄마의 바람을 충족해주는 아들로 살아갈 수 있을 것이다.

③ 나는 당신이 아이들에게 언성을 높이면 겁이 나.

이 역시 모든 책임을 배우자에게 돌리는 것이다. 하지만 "나는 당신이 아이들에게 상처를 주지 않고 관계가 좋아지길 바라. 그 바람이 너무 커서 그런지 소리를 지를 때마다 아이들과 멀어질까 봐 불안해"라고 한다면 나의 욕구에 초점을 맞춘 말이 될 것이다.

다시 말해, 상대방을 향한 즉각적인 판단에 잠시 거리를 두고 자신이 가진 느낌의 책임을 상대방에게 두지 않아야 한다. 그리고 자신의 욕구가 무너져서 생기는 느낌에 대한 자신의 책임을 스스로 인식하는지가 중요하다. 3단계에서 상대방을 향한 자신의 욕구를 분명하게 표현하도록 하는 이유다. 내 느낌의 책임은 상대방 때문이 아니라, 내 욕구가 크기 때문이라는 자세를 견지하면 도움이 될 것이다.

부탁은
치유로
이어지는
터닝 포인트

이제 비폭력 대화의 마지막 단계, 부탁이다. 이 단계에서는 자신이 가진 내면의 욕구와 상대방의 욕구가 서로 충족할 수 있는 구체적인 행동을 찾아야 한다. 이때 자제해야 할 것은 짧은 부정 행동 언어로 명령하는 일이다. 부모가 가장 흔히 쓰는 말은 '하지 마'다. 하지만 이 단계에서는 긍정적인 행동 언어가 훨씬 더 효과적이다.

   아이와 놀이를 통해 심리상담을 진행하는 놀이치료사들이 아이에게 부탁하는 말을 살펴보면 이런 긍정적인 행동언어가 잘 드러난다. 집에서 놀이를 하는 아이가 장난감 상자를 뒤집어 장난감들을 마루에 죄다 쏟아놓으면 어떤 일이 벌어질까? 엄마는 다 가지고 놀 거 아니면 그렇게 뒤집지 말라고 말할지 모른다. 그리고 아이가 장난감을 땅바닥에 심하게 던져버리면 엄마는 그런 위험한 행동을 하지 말라고 할 가능성이 있다.

놀이치료사는 어떨까? 먼저 장난감을 사방에 펼쳐놓는 아이에게는 급하게 전부 다 가지고 놀고 싶은 아이의 마음부터 공감해준다. 놀이치료사는 아이가 천천히 즐겁게 놀기를 바란다고 자신의 바람도 전한다. 그리고 하나씩 하나씩 천천히 가지고 놀아도 된다고 아이를 안심시킨다.

장난감을 바닥에 마구 던지는 아이에게는 더 힘차게 던지기 위해서 바닥보다는 모래상자에서 안전하게 던지기를 부탁하곤 한다. 어떤 장난감을 완전히 부셔버리고 싶은 마음이 생기면 그때는 자신에게 알려달라고 부탁한다. 그러면 함께 그 장난감을 모래 속 깊이 묻어버리자고 아이와의 공동행동을 제안하기도 한다.

놀이치료사는 왜 부정적인 금지 명령을 잘 하지 않는 걸까? 어차피 행동을 금지해봤자 소용없다는 것을 알기 때문일까? 그럴 수도 있다. 하지만 진짜 이유는 따로 있다. 무조건적인 금지는 아이의 마음속 깊이 숨어 있는 욕구와 느낌을 전부 부정해 버리는 일이기 때문이다. 부정적인 금지 명령을 하면 오히려 아이의 공격적인 행동을 강화할 가능성이 커진다.

치료실에서는 집안이나 다른 곳에서 억압된 욕구와 느낌을 충분히 풀어내도록 돕는 일이 가장 중요하다. 그래서 놀이치료사는 행동을 금지하지 않고 오히려 아이의 욕구를 긍정적으로 여기는 대안적인 반응을 보이는 것이다. 자신의 바람을 거부하지 않는 이런 놀이치료사의 제안에 아이들은 오히려 불안감을 낮추고 천천히 장난감을 선택하기도 하고, 모래상자 위에서 공격성을 스스로 조절하면서 자신의 바람과 숨겨진 감정을 드러내기 시작한다.

일상생활에서도 마찬가지다. 하지 말라고 금지하는 것보다 긍정적인 행동 언어로 부탁하는 것이 훨씬 더 효과적이다. 더욱 중요한 것은 부탁할 때 화자의 느낌, 즉 욕구가 충족되지 않은 느낌을 최대한 구체적으로 표현해야 한다. 그래야 명령처럼 들리지 않아 상대방의 저항감이 줄어든다.

회사에서 이런 말을 들었다고 가정해보자.

"앞으로는 매출 실적이 단 1퍼센트도 떨어지면 안 돼. 알겠죠?"

어떤가? 굉장히 부담스럽지 않은가? 그렇다면 이렇게 바꿔서 말해보자.

"내가 우리 팀 실적을 1퍼센트라도 올렸으면 하는 기대가 참 커요. 그래서 자꾸만 불안해지네. 다음 분기에는 1퍼센트라도 올릴 수 있도록 분발해주세요. 부탁할게요."

지금 나에게 어떤 욕구가 있는지 이야기하고 충족이 안 됐을 때 스스로 얼마나 불안한지 공유하면서 부탁하면 상대방은 저항감이 훨씬 줄어든다.

이번에도 실전 연습을 해보자.

① 앞으로는 절대로 술을 마시면 안 돼. 제발 술 좀 끊었으면 좋겠어.

이 말은 상당히 부정적인 행동 언어다. 술을 마시는 사람에게는 분명 술이 주는 만족감이 있을 것이다. 술로 인해 어떤 욕구가 충족되는지 먼저 살펴야 한다. 그리고 유사한 만족감을 줄 대안적인 방법을 찾도록 도와야 한다. 무조건 먹지 말라고 하는 것은 명령에 가깝지, 비폭력 대화에서 말하는 부탁과는 거리가 멀다.

아내가 남편에게 음주를 금하는 행동 언어를 표현하는 경우를 상상해보자. 아내는 무조건 금주를 명령하는 쇠귀에 경 읽기를 무한 반복할 가능성이 크다. 아내는 무엇보다 자신의 욕구와 느낌을 전달하는 일부터 해야 한다.

"여보, 내가 가장 바라고 원하는 일이 뭔지 알아? 오랫동안 당신과 건강하게 사는 일이야. 그런데, 요즘 그런 내 바람이 무너질 것 같아 너무 불안해. 당신이 과음하고 오는 날이면 다음 날 전혀 기억하지도 못하잖아. 그럼 나는 얼마나 무서워지는지 당신은 잘 모를 거야. 일주일에 꼭 마셔야 하는 이틀만 미리 정해놓고 기억을 잃지 않을 정도로 음주를 하면 안 될까? 부탁해, 여보!"

이런 화법이 교과서에나 등장할 만한 것이라고 여기지 말자. 한 가지 확실한 것은 행동을 금지하는 명령어에는 화자의 간절한 바람과 느낌이 전혀 담기지 않는다는 것이다. 이렇게 적절하게 음주해달라고 긍정적인 행동 언어로 부탁할 때 오히려 상대방은 현실감을 가지고 조절력을 갖추게 된다. 진심을 담아 대화하는 것을 어색해하지 말자. 이 세상에 조금씩 꾸준히 연습해도 할 수 없는 대화란 없다.

② 어제 수업에 대해서 솔직하게 피드백을 주세요. 어떻게 수업을 바꾸면 좋을까?

교수인 내가 학생들에게 수업에 대한 피드백을 이런 식으로 묻는다면 모호한 대답밖에 나올 수 없다. 솔직한 피드백은 교수를 언짢게 할 수도 있다고 지레 겁을 먹고 정작 꼭 할 말을 아낄 수도 있다. 이때도 내가 어떤 의도와 욕구로 질문하는지 정확히 짚어주어야 원하는 대답을 끌어낼 수 있다.

"내가 이번 학기 수업의 마무리 부분에서 학생들 집중도를 최대한 높이고 싶거든. 그런데 이상하게 최근에 집중도가 떨어지는 것 같아 아주 불만족스러워요. 수업 끝부분 강의 부분을 어떻게 고치면 좋을까?"라고 묻는다면 보다 명확한 대답이 나올 수 있다. 중요한 것은 내가 얼마만큼 내 욕구와 느낌을 전달하면서 부탁하느냐다.

③ 당신이랑 모든 게 안 맞는 것 같아. 정말 최악이야. 내가 싫어하는 짓은 제발 좀 하지 마.

관계가 끝날 때 흔히 들을 수 있는 막말 아닌가? 이 말은 부정적인 데다 구체적이지도 않다. 자신의 느낌이나 욕구가 조금도 들어 있지 않다. 이런 대화는 부부상담을 할 때 자주 나타난다. 자신의 바람을 담은 말은 다음과 같은 문장이다.

"나는 일상의 소소한 즐거움을 나눌 반려자를 갖길 원했어.

그런데 한 번도 그런 바람이 충족된 적이 없어서 내 존재가 참 비참했어. 이제 이런 내 기대를 좀 맞춰달라고 부탁하고 싶어."

이렇게 자신의 바람을 꺼내놓는 것은 문제를 해결하는 중요한 접점이 된다. 상담 현장에서는 치유로 가는 중요한 터닝 포인트 대화가 될 수 있다.

상담사의 도움이 없더라도 누구나 이런 대화는 얼마든지 가능하다. 이런 대화가 어색하게 들리는 만큼 더 오랜 연습이 필요할 수도 있다. 하지만 일상의 대화에서부터 상대방과 갈등을 피하고 조금씩 나와 너의 관계를 만들어가는 일이 가능하다면 수십 년을 투자해도 아깝지 않다. 오늘을 에포케 대화를 시작하는 역사적인 첫날로 삼아보면 어떨까.

나를 조종하는
내면의 매니저와 거리두기

.3.

마음속 매니저는 내 편이자 우리의 보호자
다. 건강한 거리두기가 필요하다.

착한
사람인가,
착한 사람
증후군인가?

'당신은 착한 사람인가?'라는 질문을 들으면 어떤 답을 먼저 떠올리는가? 그런 것 같다고 생각하는가, 아니면 그런 편은 아니라고 생각하는가. 스스로 착하다고 여기는 데는 나름대로 정당한 근거가 있다. 법을 잘 지키는 사람이기 때문이라거나 양보와 희생의 미덕을 갖춘 사람이기 때문이라거나 주변의 평판을 듣고 그렇게 말하는 사람도 있을지 모른다. 이런 조건에만 딱 맞아떨어진다면 과연 착한 사람이라고 할 수 있을까?

미국에서 유학하던 시절의 일이다. 어느 분에게 『Don't be nice, be real』이라는 특이한 제목의 책 한 권을 선물받았다. 이 제목을 그대로 해석해보면 '착한 것만이 능사는 아니다. 대신 진정성 있는 존재가 되어라'라는 뜻이다. 우리나라에서는 『인

간 관계의 심리학』이라는 제목으로 번역 출간되었다.[2]

이 책에서는 착한 사람들에게 나타나는 비슷한 증상에 대해 설명한다. 그것을 '나이스넥(niceneck)'이라는 신조어로 표현했는데, 우리말로는 '자기주장 결핍증'이라는 뜻이다. 자기주장이 결핍된 사람은 다른 사람에게 착하다는 평가도 받고 양보도 하지만, 때로는 희생적인 사람으로 보이기도 한다는 것이다.

나에게도 이런 증상이 있었다. 오래전 여름방학마다 열린 미국 한 신학대학원 집중 세미나에서 나는 책임교수로 매년 세미나를 인도하는 역할을 맡았다. 7~8년 동안 꽤 좋은 평을 받으면서 나름대로 열심히 했는데, 간혹 수강생들로부터 부정적인 피드백이 나올 때가 있었다. 대체로 "Dr. Kwon is not good at managing time as facilitator"라는 내용으로, 세미나 진행자로서 시간 배분을 제대로 하지 못한다는 말이었다. 세미나 참석자들은 대부분 신부님, 수녀님, 개신교 목회자 같은 성직자였다. 돌아가며 발표하는 자리에서 유독 흑인 발표자의 차례가 되면 이야기가 길어지곤 했는데, 나 역시 유색인종으로 차별받으며 미국에서 살았던 기억이 있는지라 이를 단호하게 끊지 못했다. 그러자 다른 사람들이 불편해하기 시작했다. 때로는 눈치를 주는 다른 참석자들이 부담스럽기도 했지만, 나는 차마 흑인 참석자의 말을 끊는 일은 할 수 없었다.

나는 왜 그랬을까? 아마도 흑인 참석자에게 착한 사람으로 보이고 싶은 욕구가 있었던 게 아닐까? 그 당시 나는 흑인 참석자를 향한 나의 욕구나 느낌을 제대로 전달하지 못했다. 1장에서 이야기한 비폭력 대화의 네 가지 단계를 다시 떠올려보자. 먼저 이야기하는 사람을 잘 관찰해야 한다.

"당신은 다른 사람들과 비교해볼 때 더 많은 이야기를 하고 있군요."

이와 함께 나의 느낌도 전달한다.

"저는 세미나를 인도하는 강사로서 시간이 많이 초과되어 초조해요."

동시에 나의 바람도 전달해야 한다.

"당신이 계속해서 이 세미나에서 위로를 받고, 한편으로는 다른 사람들의 이야기도 골고루 들었으면 좋겠어요."

마지막으로 부탁 단계에서는 다음과 같이 말해볼 수 있을 것이다.

"이 세미나 시간 이외에 자신의 이야기를 하고 위로받을 방
법을 찾아보는 게 어떨까요?"

이렇게 부탁했다면 흑인 참석자에게 거절당한 느낌을 주지
않고도 세미나 시간 관리를 잘 할 수 있었을 것이다. 안타깝게
도 당시의 나는 그렇지 못했다. 특히 유색인종 참석자에게는
무조건 좋은 사람이고자 하는 마음이 커서였는지 내 느낌과 욕
구는 제대로 표현하지 못했다.

우리는 왜 착한 사람은 자기주장을 하지 말아야 한다고 여
기는 걸까? 부모로부터 칭찬과 인정을 받기 위해 쉼 없이 주위
눈치를 보면서 살아온 어린 시절 아이의 경험이 우리 안에 고
스란히 남아 있기 때문이다. 그런 의미에서 착한 아이는 태어
나지 않고 만들어진다. 착한 아이로 생존에 성공했던 경험이
여전히 어른이 된 우리를 착함으로 승부하게 만든다.

사회생활 중 자신은 남들에게 거절을 잘하지 못한다는 이들
을 쉽게 만날 수 있다. 당연히 거절해야 할 일인데도 좀처럼 입
이 떨어지지 않는단다. 마치 지금 거절을 하고 나면 좀처럼 인
정과 칭찬을 받기 어려웠던 어린 시절로 회귀할 것 같은 불안

때문이다. 어린 시절 괜히 자기주장을 내세웠다가 큰코다쳤던 일이 떠오를 수도 있다. 평소에 자기주장을 내세우는 일이 불편한 사람은 주위 사람들이 자신에게 내리는 긍정 평가에는 한없이 안전감을 느낀다.

콜센터 직원들의 피해가 소개되면서 이들의 권리를 보호하려는 장치가 마련되었다. 내가 센터장으로 봉직했던 상담코칭센터는 한때 전화 상담 프로그램을 운영한 적이 있다. 요즘에는 대면상담으로 바로 찾아오는 내담자가 많이 늘었다. 하지만 불과 10년 전만 해도 인터넷 상담이나 전화 상담을 미리 해보고 추후에 직접 상담실로 찾아오는 대면 상담을 신청하는 경우도 많았다. 그래서 센터의 임상수련 프로그램은 수련을 처음 시작하는 인턴 상담사에게는 첫 학기에는 인터넷 상담, 두 번째 학기에는 전화 상담 실습을 하도록 설계되어 있었다. 1년간의 수련 기간을 마친 인턴 상담사는 2년 차부터 대면 상담을 할 수 있었다.

처음 전화 상담을 맡은 인턴 상담사의 경우, 엄청난 스트레스를 받는 경우가 참 많았다. 만나지 않고 전화로 진행되기에 장난삼아 상담을 신청해서 폭언을 하거나 은근한 성희롱을 하는 내담자도 있었다.

한 인턴 상담사는 여러 달에 걸쳐서 같은 내담자에게 지속적인 성희롱 피해를 입었지만 즉각 센터에 보고하지 않았다. 상담이 몇 차례 진행된 후 이 상담사를 지도 감독했던 관리자는 내담자가 지속적인 성희롱을 행했다는 점을 처음 발견하고 충격을 금치 못했다.

하지만 더욱 깜짝 놀랄 만한 일이 있었다. 극심한 스트레스 가운데서도 상담사가 내담자를 두둔하는 모습을 보였다는 점이었다. 자신은 크게 상처를 입지 않았다고 누차 이야기했다. 관리자는 인턴 상담사가 혹시 자신의 능력 부족으로 평가받을까봐 두려운 나머지 자신에게 성적인 수치심을 주었던 내담자의 문제를 감추려는 것은 아닐까 하는 의구심을 가졌다. 그래서 그 인턴 상담사에게 자신의 내면을 돌보기 위해 반드시 따로 심층 상담을 받을 것을 요청했다.

수련 중인 인턴 상담사는 심층 상담을 통해 자신의 어린 시절을 다시금 세밀하게 조명하기 시작했다. 그저 착한 딸로 살아왔던 평범한 어린 시절이라고만 기억했었는데, 어린 시절 그녀가 지닌 불안과 공포는 감당하기 어려운 것이었다. 부모님은 늘 극심한 다툼을 이어갔고, 그녀는 밥 먹는 시간이 아니면 방 밖으로 나오는 법이 없었다. 부모님이 언쟁하며 다투는 소리와 물건 던지는 소리를 듣지 않기 위해 늘 이어폰을 통해 시끄러운 음악을 들어야 했다.

가끔은 술에 취해 들어온 아버지에게서 심한 욕을 듣기도 했다. 그러면 그는 그저 아버지가 그날 안 좋은 일이 있어서라고 여기고 한마디도 대꾸하지 않았다. 늘 죄송하다는 사과를 입에 달고 살았던 어린 시절을 떠올리면서 인턴 상담사는 흐르는 눈물을 주체하지 못했다. 착한 딸이 되어야만 부모님에게서 버림받지 않고 살 수 있다고 굳게 믿고 있었는지도 모른다.

인턴 상담사는 그래도 부모님이 아직 이혼하지 않고 잘 살고 있다면서 미소를 지어 보였다. 다행히 그 인턴 상담사는 심층 상담을 통해 아버지를 연상케 하는 중년의 내담자에게 그렇게 착한 상담사가 되어야 했던 이유를 이야기하며 스스로를 통찰할 수 있었다.

결론적으로 자기주장 결핍증이란 상대방에게 착한 사람으로 남기 위해서 내 욕구나 느낌을 말하지 못하는 것이다. 이것은 스스로 알아차리기 어려울 때가 많다. 그러다 어느 순간 점점 불편해지기 시작한다. 나중에서야 내가 다른 사람의 평가에 만성적으로 불안을 느끼고, 자신은 조직의 구성원으로 혹은 한 분야의 전문가로서 맡겨진 역할을 잘 감당할 수 있다고 여기는 유능감이 매우 낮다는 것을 깨닫게 된다.

마치 인턴 상담사가 자신의 주장이나 감정을 노출하지 않고 참고 견딜 때 긍정적인 평가를 받을 수 있다고 느끼고, 그렇지 않으면 나쁜 평가를 받을 것이라고 믿는 것처럼 말이다. 즉, 내가 이렇게 착하고 순종적이지 않으면 인정받지 못할 것이라는 불안감에 사로잡히는 것이다. 자기주장 결핍증은 결국 자신을 있는 모습 그대로 받아들이지 못하고 바깥의 평가에 휘둘리면서 낮은 자존감으로 살아갈 때 발생한다.

이렇게 자기주장 결핍증을 가진 이들은 타인과 관계를 맺는 방식도 매우 불안정하다. 처음에는 남들이 하지 않는 궂은일을 자청해서 희생하는 방식을 택하기도 하고, 회의 때마다 참석자 모두의 눈치를 보면서 자신은 어느 편에도 서지 않으려고 부단히 노력한다. 때로는 모두를 몰래 찾아다니며 자신은 반대하지 않는다면서 같은 편임을 피력한다. 처음에는 성실하고 무난한 사람이라고 칭찬을 얻을 수도 있지만, 시간이 지나면 자기 의견을 숨기는 회색분자라는 평가를 받을 수도 있다.

그런데 자기주장 결핍증 소유자들의 결정적인 문제는 다른 데 있다. 그건 바로 자신이 어려울 때 정작 믿고 찾아갈 사람이 없다는 것이다. 가공하지 않고 진짜 자기 이야기를 털어놓을 사람은 단 한 사람도 찾을 수 없다. 안타깝게도 이런 사람이 우리 주변에 너무도 많다. 최근 주관적 삶의 만족도 조사를 살펴보면 OECD 국가 중 대한민국이 '사회적 유대감'이 늘 최하위권에 속한다. 한마디로 말하면, 어려울 때 찾아가 의지하고 위

로받을 사람이 없다는 말이다. 미국과 같은 개인주의 문화권과
는 달리 사회적 유대와 관계형성을 가장 중요한 가치로 여기며
살아온 우리나라가 대체 어쩌다 이런 지경이 되었을까?

불행한
관계주의자

행복을 연구하는 학자들이 하는 공통적인 주장이 있다. 일반적으로 인간관계를 잘 맺는 사람들이 행복하다는 것이다. 그렇다면 관계를 잘 맺는다는 것은 무엇일까?

한국인들은 어떤 민족 못지않게 인간관계를 중요하게 여긴다. 그런데 이상하게도 행복지수를 포함한 여러 정신건강 지표에서는 OECD 국가들 중 거의 바닥을 차지한다. 자살률은 OECD 국가 중 1위를 기록했고, 청소년 행복지수 역시 하위권에 머물렀다. 2020년 발표된 주관적 삶의 만족도 역시 조사 국가 33개국 중 32위로 최하위였다. 인간관계를 어느 나라보다도 소중하게 여기지만 행복으로는 이어지지 못하고 있다는 반증이 아닌가.

우리가 관계주의자로 살면서도 행복하지 않은 이유가 있다. 타인과 나 사이에 건강한 거리두기를 하지 못하기 때문이다. 그러다 보니 많은 사람이 만성적으로 자기주장 결핍증을 안고 살아간다. 자기주장 결핍증을 안고 사는 이들은 타인과의 관계에서 '나와 너'의 관계로 살지 못하고, 늘 평가받는 '그것(es)'으로 살아간다.

자기주장이란 내가 상대방과 당당한 인격체로 만날 때 자신 있게 내세울 수 있는 자기 목소리다. 어린 시절 늘 부모나 주변의 인정과 주목을 받지 못한 이들은 커서도 친구나 다른 사람들과의 관계에서도 자꾸만 부정평가를 불안해하는 '그것'으로 전락하고 만다.

어느 시점에서는 자신의 자기주장 결핍증을 알게 되는 경우가 있다. 상담센터로 찾아와 심리상담을 요청하는 내담자들 중에는 이미 자기주장 결핍증을 인지하고 오는 이들도 있다. 그들은 대부분 자신의 욕구와 느낌을 드러내지 못하고 살아온 과거에 대한 의문과 회한을 가지고 상담에 응한다.

그런데 그런 문제에 대해 더 이상 남의 눈치만 보고 살지 않겠다는 의지를 다지는 방식으로 대처하는 경우가 많다. 이제부터 남들에게 할 말도 하고 소리도 지르겠다고 말하고, 자신을 피곤하게 하는 모든 인간관계를 정리하고 싶다고 말하는 이들도 있다. 과연 이런 대처방식이 가능하고 건강한 방식일까?

철학자 마틴 부버 이야기를 다시 한번 살펴보자. 그는 "진실로 '나(ich)'는 '너(du)'와의 직접적인 관계를 매개로 해서만 버젓한 '나'가 된다. 내가 '나'가 됨에 따라 나는 너를 '너'라고 부르게 된다"고 말했다. 어려운 철학적 설명이지만, 풀어보자면 결국 자기주장을 이야기하지 못하는 자기주장 결핍증을 극복하는 방법은 다른 사람을 무시하는 게 아니라 오히려 '나와 너의 관계' 안에서만 제대로 가능하다는 말이다.

예전에 교내 상담센터에 왔던 한 학생의 사례를 들어보겠다. 간호대 3학년에 재학 중이었던 이 학생은 어느 날 실습을 끝내고 밤늦게 집으로 돌아가는 길에 너무 배가 고파서 포장마차에서 딱 1인분 남은 떡볶이를 포장했다. 그런데 공교롭게도 자취방에 돌아오니 룸메이트가 떡볶이를 너무 먹고 싶어 했다.

보통 사람이라면 사정을 이야기하고 본인이 먹거나 일부만 나누어 먹을 것이다. 하지만 이 학생은 자기는 먹고 왔으니 이건 네가 먹으라고 사온 거라며 떡볶이를 모두 내주었다. 자신도 모르게 순식간에 벌어진 일이었다. 친구는 역시 "네가 최고야"라면서 좋아했다. 맛있게 먹으라고 말하고 자신의 방에 들어가자 갑자기 마음속 깊이 서러움이 차올랐다. 그만 눈물이 왈칵 쏟아졌다.

그러고 나서 이 학생은 상담센터를 찾아왔다. 다른 사람에게 일방적으로 희생하는 자신의 모습이 정상이 아니라고 판단한 것이다. 그나마 자신의 마음속을 헤아려 알기 위해 상담센터를 찾았다는 것은 참 다행스러운 일이었다.

그렇다면 이유가 무엇일까? 이 학생이 너무 착해서일까? 아니면 바보 같은 것일까? 상담사로서 추측해보자면 이런 이유일 가능성이 있다. 이 학생은 어린 시절부터 나와 너의 관계 경험이 부족했다. 인격체로 충분히 존중받지 못하고, 부정적인 피드백에 익숙해져 있다면 극심한 평가 불안에 시달리게 된다. 특히 가정에서 이 학생을 있는 그대로의 모습이 아니라 외적인 행태나 태도, 즉 그것(es)으로 모질게 평가하는 경험을 많이 축적했을 수 있다.

어린 시절 외부 평가에 대한 불안도가 높은 사람은 다른 사람을 배려하고 양보하는 일상을 보내게 되는 경우가 많다. 묘하게도 나중에 직업을 선택할 때도 다른 사람들을 돌보고 서비스를 제공하는 감정노동자의 역할을 맡는 경우도 많다. 이 학생이 간호대를 택한 것도 이런 이유에서 기인했을 수 있다.

어린 시절에 나와 너가 아니라 나와 그것의 경험이 오랫동안 축적되면 정신분석학 용어로 고착(fixation)이 형성된다. 고착이란 지속적으로 발달의 단계에 따라 꾸준히 성장해야 할 인간이 과거 어느 특정 시기의 경험에 묶여 있는 것을 말한다. 어린 시절 부정적인 관계 경험이 쌓이면 이러한 경험은 잠복 상태처럼 현재 경험에까지 무의식적인 영향을 미치기 시작한다. 겉보기에는 멀쩡해 보이지만 과거 경험의 감옥에 갇혀 있는 상태다.

부모에게 심한 비난을 받아왔던 아이가 몸은 커서 사회생활을 시작한 성인이 되었지만, 여전히 야단맞는 아이의 경험에 머물러 있는 것처럼 속으로는 극도로 불안한 일상을 산다는 의미다. 특히 어린 시절 충격적인 외상을 주는 사건이 있었다면 고착은 더욱 심해진다. 이런 경우에는 어린 시절이 거의 생각나지 않거나 평범한 어린 시절을 보냈다고 여기는 등 기억이 희미해지는 경우가 많다. 의식의 세계에서는 그 충격을 떠올리지 않기 위해 평소에도 아주 강한 내면의 목소리를 발동시키기 때문이다.

'너는 그저 평범한 아이야!'
'다른 사람들과는 무조건 잘 지내야 해!'

엄청난 학대나 트라우마 경험이 없어도 내면의 목소리는 자연스레 생겨난다. 예컨대, 부모가 형제끼리 비교하고 어떤 말

이나 행동을 반복해서 지적하면 자신도 모르게 자기주장을 못
하게 하는 내면의 목소리가 생긴다.

'너는 누구한테나 비난받을 수 있어. 그러다가 너 좋아할 사
람이 한 명도 없을 수도 있어.'
'룸메이트가 네 유일한 친구 아냐? 그 친구 잃으면 어떻게
해? 그런데 떡볶이를 혼자 먹겠다고? 아니지. 그냥 줘야지.'

아주 순식간에 일어난 일이지만, 그 짧은 시간에 그간 자신
에게 끊임없이 행동 가이드의 역할을 했던 내면의 목소리가 급
하게 발동했을 가능성이 높다.
이렇게 외부 평가를 불안해하는 내면의 목소리를 들으면 들
을수록 나오는 해답은 단 하나다.

'착하게 살자.'

주위 사람에게 최대한 맞추면서 사는 게 상책이라고 생각하
게 된다. 이게 바로 자기주장 결핍증의 내면에서 나타나는 현
실이다.
이와 관련해 심리상담에서도 상담자가 유의해야 할 내담자

의 발언이 있다.

"선생님 덕분에 너무 좋아졌어요. 선생님은 저에게 꼭 필요
한 사람이에요."

내담자가 이런 말을 했다면 그 심리 상태를 유심히 살펴야
한다. 칭찬받아서 기분이 좋다고 넘겨서는 안 된다. 혹은 그동
안 내담자가 상담사에게마저 좋은 사람으로 보이려고 하는 것
은 아니었는지 기민하게 반응해야 한다. 이 말에는 상담사가
본인을 싫어할지 모른다는 불안감이 담겨 있기 때문이다.

오히려 이런 자기주장 결핍증이야말로 심리상담으로 도움
을 받고 좋아져야 할 부분일 수도 있다. 상담이나 심리치료의
목표는 궁극적으로 어린 시절부터 고착된 나와 그것의 관계에
서 벗어나, 상담사와 새로운 관계를 형성하며 나와 너의 경험
을 획득할 수 있도록 돕는 것이다.

마음속 매니저, 너의 목소리가 들려

자기주장 결핍증을 벗어나기 위해 가장 먼저 해야 하는 마음의 거리두기가 있다. 나도 모르게 들리는 무의식의 목소리, 내면의 목소리다. 그 목소리가 착하게 살지 않으면 안 될 것 같은 내면 현실로 스스로를 몰아간다. 자꾸만 다른 사람에게 맞추게 하고, 자신의 의견은 없는 것처럼 그림자 뒤로 숨게 한다. 나를 자주 아프게 하는 목소리다. 도대체 어쩌다 이런 목소리가 생겼을까?

내시경은 위나 장처럼 보이지 않는 속을 점검할 때 받는 검사다. 나는 그다지 불편감이 없어서 가끔 비수면으로 위내시경 검사를 받는데, 그럴 때면 내 속이 훤히 들여다보이는 게 너무 신기하다. 그러다 문득 그런 생각이 들었다. 우리 마음을 들여다보는 내시경이 있다면 얼마나 좋을까?

사실 우리에게도 내시경처럼 마음속을 보여주는 거울 같은 존재가 있다. 나를 관리하고 때로는 움츠러들게 하는 내면의 매니저다. 방송에 출연하는 연예인들은 대부분 매니저와 함께 다닌다. 이들은 연예인의 스케줄을 관리하고, 운전도 하며, 자잘한 심부름까지 도맡는다. 위험한 일이 생길 때는 경호원 역할을 하고, 연예인의 이미지 관리도 담당한다. 유명한 사람일수록 매니저가 해야 할 일은 당연히 늘어난다.

우리 마음속에도 이런 역할을 담당하는 매니저가 있다. 연예인 매니저는 더 낮은 자리에서 궂은일을 담당하는 사람들이라면 마음속 매니저는 우리의 상태를 살피며 가끔은 이래라저래라 지시를 내리기도 하는 존재다. "빨리 일어나. 아니면 지각해!", "무조건 네가 한다고 해!", "인사해!", "화내면 절대로 안 돼!", "이번에는 승진해야지", "저 사람은 피하는 게 좋을 것 같아" 등의 말로 우리를 통제한다. 실은 이런 혹독한 마음의 매니저 때문에 상담을 받으러 오는 내담자도 있다.

연예인 매니저들은 연예인의 얼굴 표정도 관리할 것이다. 마음속 매니저 역시 우리에게 표정관리를 요구할 때가 있다. "감정을 드러내서는 안 돼!", "다른 사람에게 나쁘게 보이면 안 돼!"라고 말하며 웃는 얼굴을 유지하도록 한다.

이것이 바로 우리나라에서 흔히 '착한 아이 증후군'으로 불리는 '스마일 마스크 증후군'이다. 정신분석에서는 다른 사람에게 보여주기 위한 자신의 모습을 '거짓 자기(false self)'라고 한다. 실제 나의 기분과는 상관없이 다른 사람을 위해 가짜로 내 모습을 설정하는 것이다. 외로워도 슬퍼도 울지 않는 캔디 증후군 역시 같은 맥락에서 이해할 수 있다.

캔디라는 만화 주인공은 부모 없이 꿋꿋하게 살아가는 멋진 여성이다. 겉보기에는 명랑 만화 주인공으로 추앙받을 만하다. 다른 사람들에게 당당하고 밝은 모습을 보이는 이들의 내면이 모두 그렇게 명랑하지만은 않다. 부모 없는 슬픔은 때로는 자신이 아무도 없이 세상에 버려진 외상 경험이 되기도 한다.

부모님들이 지병으로 돌아가셔서도 혼자 남겨진 아이는 무의식적으로 스스로 자신을 무가치하게 여기는 자괴감과 다른 사람에게서도 버림받을지 모른다는 유기불안을 떠안게 된다. 또다시 다른 이들에게 무시당하거나 버림받지 않기 위해서 마음속 매니저는 캔디를 강하게 단속한다. 외로워도 슬퍼도 절대로 울지 말라고.

마음속 매니저는 누구를 위해서 이러는 것일까? 매니저가 연예인의 말이나 행동을 단속하는 이유는 그들이 같은 편이기 때문이다. 마음속의 매니저도 마찬가지다. 실은 내 편인 매니저를 우리는 다른 편이라고 착각할 때가 많다.

노스웨스턴대학에서 가족치료를 가르쳤던 리처드 슈왈츠(Richard Schwarts)는 내면의 목소리가 우리의 보호자라고 주장했다.[3] 우리를 힘들게 하는 목소리가 아니라 오히려 보호하려는 소리라는 것이다. 그 목소리가 우리에게 주변 사람에게 잘 보이라고 요구하는 것도 사실은 불안하기 때문이다. 매니저의 밑바탕에 깔린 것은 '다시는 같은 일을 당하지 않겠다'는 다짐이다. 어린 시절에 가정에서, 학교에서, 교우 관계에서 크게 덴 경험이 있다면 앞으로는 다르게 살아야 한다고 계속해서 주지시키는 것이다.

좋은 관계를 맺기 위해서는 내면에서 들리는 목소리에 대한 에포케, 즉 판단중지가 반드시 필요하다. 전통적인 인지심리치료에서는 내면의 목소리를 없애는 것이 치료의 목적이라고 여겼다. 내면의 목소리는 우리의 심리적 안녕감을 해치는 나쁜 목소리라고 여겼기 때문이다. 내면의 목소리는 '비합리적인 신념' 혹은 '자동적 사고'라고 부르기도 한다.

인지치료사들은 이러한 신념과 생각을 바꿔야 치료가 완성될 것이라 주장해왔다. 그런데 이러한 신념을 바꾸기가 좀처럼 어려운 경우도 많다. 앞서 이야기한 과거의 충격적인 외상경험으로 고착이 심해질 경우가 바로 그런 경우다.

우리를 힘들게 하는 목소리가 하루에도 수십, 수백 번 들리지만, 그것은 결코 나를 해치려는 나쁜 소리가 아니다. 우리가 또다시 아픔을 겪지 않도록 우리를 돕는 보호자라는 사실을 기억해야 한다. 그래서 잠시만이라도 괄호 안에 매니저에 대한 부정평가를 묶어놓는 일이 궁극적인 치유에 큰 도움이 된다.

나를
망가뜨리는
나와
거리를 두자

그렇다면 내면의 매니저와 어떻게 거리두기를 할 수 있을까? 내가 매니저에게 쩔쩔매면 어쩔 수 없이 끌려다니게 된다. 하지만 명심하자. 매니저는 나를 보호하려는 내면의 목소리다. 당당하게 "나를 걱정해줘서 고마워. 네가 나를 불안해하는 것도 충분히 이해해. 그런데 잠깐 내가 내 주장을 할 수 있도록 잠시 지켜봐주면 안 될까?"라고 말하며 잠시 거리두기를 시도한다면 조금 다르게 매니저를 다룰 수 있게 된다.

　앞서 소개한 슈왈츠 박사는 가족 구성원들이 만들어내는 시스템에 관심을 가지고 개인의 마음 속 시스템을 변화시키는 내면 가족 시스템 치료(Internal Family System Theraphy)를 창시한 연구자이자 임상가다. 가족 시스템 치료는 인간 개인의 내면을 분석적으로 치료하는 정신역동 심리치료와는 결을 달리하는 방법이다. 가족이 가족 구성원 한 명의 문제를 지목하면서 모두 한자리에 모여 치료를 시작하지만, 치료자는 가족 전체의 역동을 전체적으로 다루면서 변화를 시도한다.

그런데 내면 가족 시스템 치료는 그가 평소에 연구해왔던 가족치료와는 다른 방식의 치료법이다. 개인의 내면을 분석하고 치료하는 방식에, 가족에게 적용하는 시스템 접근을 활용하는 새로운 시도를 한 것이다. 나는 리처드 슈왈츠 박사를 실제로 만난 적이 있는데, 그가 이 치료법을 개발한 계기에 대해 들을 수 있었다. 그 계기는 매우 개인적인 것이었다.

슈왈츠 박사는 어려서부터 수줍음을 잘 타는 성격이라 대학에서 세미나를 할 때마다 얼굴이 홍당무처럼 빨개졌다. 가족치료사로 점점 유명해지면서 강연할 일도 더 많아지다 보니 그의 발표 불안은 더욱 심해졌다. 말이 엉킬까봐 걱정하고, 끝나면 자책하는 일이 반복되었다.

그러던 어느 날, 그는 진지하게 생각해봤다. 강연을 한번 망쳤다고 지금까지 쌓아 올린 나의 커리어가 엉망이 될까? 사람들로부터 엄청난 비난을 받을까? 합리적으로 생각해보자 그렇지 않다는 답이 나왔다. 그러고 나니 자신 안의 불안이 언제부터 똬리를 틀었는지 궁금해졌다. 그때 처음으로 자신 안의 불안과 대화를 시작했다. 이것이 내면 가족 시스템 치료의 출발점이었다.

그가 처음 자기 안의 불안에게 말을 걸었을 때는 이런 목소리가 들렸다.

"아무도 네 의견을 귀담아듣지 않을걸?"

대학교수 자리까지 올라갈 정도로 성공한 사람임에도 부정적인 목소리가 가장 먼저 들렸다. 조금 더 내면의 불안과 대화를 꾸준히 시도하자 갑자기 어린 시절의 장면 하나가 떠올랐다. 초등학생인 자신이 수업 시간에 발표하는 도중에 친구들이 갑자기 박수를 치면서 비웃는 장면이었다. 당황해서 선생님을 쳐다보자, 선생님 역시 큰 소리로 웃고 있었다. 그에게는 그날의 기억이 외상에 가까운 충격으로 남아 있었다.

선생님에게까지도 버려지는 느낌을 받고 그것이 결국 어린 시절 다시는 기억하고 싶지 않은 트라우마가 된 후 그는 나서서 발표하는 일은 최대한 피하면서 오직 공부에만 전념했다. 하지만 그렇게 해서 저명한 교수가 되자 대중 앞에 설 일이 오히려 더 많아졌다. 그러자 내면의 매니저가 발동하면서 불안을 부추겼다.

아마도 마음속의 매니저는 어린 시절의 상처가 들춰지는 것을 어떻게든 막아내고 다시는 같은 경험을 하지 않도록 그를 만성적인 발표 불안으로 몰아갔을지도 모른다. 발표 시간 내내 불안해할지언정, 어린 시절 버려짐의 고통의 기억까지는 가지 않도록 그를 거세게 몰아붙인 것이다.

트라우마 집중 치료법에는 발표 불안을 경험하는 사람들에게 내리는 간단한 처방전이 있다. 내면에서 나를 몰아가는 목소리를 아주 친근한 목소리로 바꾸는 것이다. 먼저 어린 시절에 좋아했던 만화영화 하나를 떠올린다. 그 만화의 주인공 목소리를 생각해보거나 실제로 찾아 들어보면서 분위기를 바꿔본다.

나 같은 경우에는 뽀빠이 목소리를 떠올렸다. "넌 또 망신당할 거야"라고 하는 목소리를 뽀빠이 목소리로 바꾸면 갑자기 웃음이 난다. 어린 시절 혼자 만화를 보면서 즐거워했던 긍정 기억을 활성화해서 내면의 목소리와 거리를 두는 것이다. 즉, 에포케가 가능해진다.

이보다 궁극적인 치유를 위해서는 내면의 매니저를 안심시키는 게 중요하다. 내가 더 큰 상처로 다칠까 봐 불안해하는 내면의 매니저를 잠시 떨어뜨리는 방법이다. 나는 내담자와 트라우마 집중치료를 할 때 내면의 매니저에게 고맙다는 인사를 자꾸 건네라고 주문한다. 그리고 내면의 매니저에게 정중하게 부탁의 말을 건네도록 한다.

매니저에게 과거의 어떤 기억으로부터 나를 보호하려고 하는지 조금씩만 보여달라고 부탁하면서 밀착경호 상태에서 살짝 거리를 두도록 만든다. 이때 내담자에게 상담사에 대한 신뢰가 밑바탕에 깔려 있는 것이 매우 중요하다. 그래서 내면의 매니저에게 상담사가 옆에서 도와줄 테니 걱정하지 말고 조금만 떨어져서 지켜봐달라는 부탁도 할 수 있으면 좋다. 이렇게 되면 매니저는 잠시 떨어져 과거 내 안에 어떤 일이 벌어졌는지 숨겨놓은 아픈 기억까지 볼 수 있도록 공간을 허용하게 된다. 마치 슈워츠가 그랬던 것처럼 말이다.

마음속 매니저를 적이라고 생각해서는 안 된다. 그는 내 편이자 나의 보호자다. 늘 나를 위해 앞장서서 목소리를 내주었다는 것에 감사를 표하고, 현재의 경험을 과거의 상처로부터 떨어뜨리면서 아픈 과거의 영향을 받지 않도록 하는 것이 중요하다. 여전히 우리는 과거 부모님이나 친구, 타인에게서 '그것'으로 취급받으며 받은 상처를 안고 살아간다. 그러다 보니 내면의 목소리 역시 우리에게 해를 가하는 존재라고 생각할 때도 있었다.

내 안의 매니저와 단번에 멀어질 수는 없다. 과거의 나로부터 현재의 나를 서서히 분리하면서 거리를 두는 것만이 최선이다. 그래야만 지금, 여기에 있는 그대로의 나를 인정하고 타인과 나와 너로 관계 맺는 것이 가능해진다. 그리고 필요하다면 이를 전문적으로 도울 수 있는 심리상담사에게 찾아가는 것도 좋은 방법이 될 것이다.

짐이 되지 않는
관계를 만드는 법

.4.

관계는 나와 너, 너와 나 사이에 처음부터 있었던 선물이다. 나와 너로 만나고 싶은 내면 욕구를 드러내면 선물이 찾아온다.

불통을 부르는
원심력 감정과
소통을 부르는
구심력 감정

코로나19가 장기화되면서 일상에서 없어서는 안 될 필수품이 된 것이 있다. 바로 마스크다. 예전에는 몸이 아픈 사람이나 연예인처럼 군중 속에서 얼굴을 가리는 게 편한 사람들이 주로 사용했지만, 지금은 누구도 예외 없이 마스크를 쓰고 다닌다. 손바닥만 한 이 작은 물건이 나와 가족, 다른 사람의 안전을 보증해주기 때문이다. 그렇지만 이미 오래전부터 수많은 사람이 마스크를 쓰고 다녔다는 사실을 알고 있는가? 그것은 눈에 보이지 않는 마음의 마스크다.

3장에서 살펴본 책 제목을 다시 보자. 'Don't be nice, be real(착한 것만이 능사는 아니다. 대신 진정성 있는 존재가 되어라).' 진실하지 않은 자기의 모습을 '거짓 자기(false self)'라고 번역했지만, 이 말이 나쁜 자기를 의미하지는 않는다. 남에게 보이기 위해 자신을 포장하는 거짓 자기가 지나치게 불편하다고 느끼게 되면 마음대로 살아도 된다고 생각해버린다. 더 이상 착한 척하면서 참지 말고 기분 내키는 대로 화를 내고 짜증을 내도 된다고 착각한다. 엄밀히 따지면 거짓 자기란 다른 사람을 위해 존재할 수밖에 없는, 다른 사람을 즐겁게 하려는 불쌍한 자기다.

이처럼 타인에게 좋게 보이려는 마음의 마스크를 아주 오래 쓰고 산 사람은 어느 순간 진짜 자기 모습이 궁금해지기 시작한다. 정신분석에서 이야기하는 참 자기(true self)로 살고 싶어 하는 때가 오는 것이다. 참 자기는 가공하지 않은, 가공할 필요가 없는, 있는 모습 그대로의 자기 모습이다. 그런데 참 자기의 상태란 우리가 마음을 굳게 먹으면 저절로 가능해지는 그런 상태가 아니다. 진공상태에서 저절로 이런 참 자기가 탄생한다고 믿는 것은 아무래도 무리일 수밖에 없다. 참 자기가 되려면 나 자신과 나와 너의 관계를 맺어주는 상대방이 반드시 필요하기 때문이다.

나와 그것의 관계에 고착되어 살아온 이들에게 이런 나와 너의 관계가 가능해질 때 서서히 완성되는 것이 바로 참 자기다. 우리가 갑작스럽게 나와 너의 관계를 맺기 어려운 이유는 내면에 숨어 있는 감정을 표출하는 게 어렵기 때문이다. 특히 나와 그것의 관계로 지친 사람들일수록 자신의 감정을 숨기기 바쁘다.

언제부터인가 우리 사회는 외롭고 지치고 힘들 때 믿고 의지할 가족과 친구, 지인이 없는 사회가 되어버렸다. 관계의 질이 현저하게 떨어진 것이다. 우리나라는 자고로 가족은 물론 마을과 공동체의 관계망이 매우 튼실한 나라가 아니었던가. 무엇이 어떻게 잘못된 것일까?

관계에 대한 이야기를 시작하면 빼놓을 수 없는 주제가 세대 차이다. 특히 요즘에는 기성세대를 '꼰대'로 분류하면서 젊은 세대와 구분하려는 경향이 이전보다 훨씬 더 심해졌다. 실제로 세대 차는 오래전부터 이어진 불통의 큰 원인인 것이 사실이다. 하지만, 최근 들어 기성세대와 20~30대를 아우르는 MZ세대가 함께 조화롭게 일하고 안정된 사회를 구성하는 일은 점점 더 멀어지고 있는 것 같아 안타깝기만 하다.

꼰대의 가장 대표적인 특징으로 농담처럼 자주 쓰이는 말은 '라떼 이즈 홀스', 즉 '나 때는 말이야'라는 표현이다. 젊은 세대는 이 말만 나오면 알레르기 반응을 일으키며 피하지만, 사실이 말은 기성세대가 아랫세대와 소통하기 위한 수단으로 사용하는 대표어법이다. 과거의 경험을 인용함으로써 공감대를 형성하기 위해 사용하는 표현이지만, 때로 잘난 척하는 것으로 읽히고 감정을 놓쳐 역효과를 내기도 한다.

젊은 세대는 이에 대한 대응책으로 '음소거 기술'을 쓴다. 요즘 출시되는 이어폰에는 대부분 외부 소리를 차단하는 기능이 들어 있다. 마찬가지로 다른 사람이 아무리 뭐라고 해도 더 이상 듣기 싫으면 귀를 막고 아무 말도 듣지 않는 것이 음소거 기술이다. 더 큰 상처를 받기 전에 전원을 꺼버리는 것이 상책이라고 생각하는 것이다. 아무리 야단을 쳐도 자녀가 말을 듣지 않는다면 지금 음소거 기술을 쓰고 있는 건 아닌지 의심해볼 만하다. 하지만 그렇다고 해서 그저 괘씸하게만 여겨서는 안 된다.

왜냐하면 귀를 막는 아이의 마음을 잘 들여다보면 제대로 된 소통을 하고 싶다는 마음이 반영되어 있기 때문이다. 상처 받는 말은 듣고 싶지 않고 나와 너로 대화하고자 하는 욕구를 잘 표현하지 못해 소리를 차단해버리는 것이다. 이를 정신분석학에서는 '방어기제(defense mechanism)'라고 해서, 강한 외부 자극으로부터 자신을 보호하는 내면 역동이라고 설명하기도 한다.

진정한 관계 맺기, 혹은 건강한 관계 맺기는 있는 모습 그대로의 나, 즉 민낯의 리얼 셀프(real self)를 드러낼 수 있는 안전한 감정 소통이 있을 때라야 가능해진다. 여기에서 중요한 점은 어떤 감정은 불통을 낳고, 어떤 감정은 깊은 소통을 낳는다는 점이다. 무조건 상대방에게 감정을 표출하는 게 능사가 아니다. 따라서 서로 어떤 감정을 나누는지가 굉장히 중요하다.

감정 소통을 현명하게 하는 게 왜 중요한지 한 가지 사례를 통해 살펴보자. 어떤 중년 부부가 있었다. 남편은 한 회사를 오랫동안 다녔지만 어쩌다 보니 동기들보다 승진이 늦어졌다. 아내는 인사발령 시즌이 다가오면 남편에게 궁금증을 참지 못하고 계속해서 승진에 대해 물었다. 처음에는 차분히 돌려서 말하던 남편은 어느 날 불쑥 참지 못하고 아내에게 화를 냈다. "당신 때문에 내가 승진을 못 한다"는 근거 없는 말까지 얹으며 소리를 버럭 질렀다.

남편은 지속적으로 추궁하는 아내를 보며 스스로를 승진도 제때 못 하는 바보 같은 남편이라는 느낌을 받았는지도 모른다. 나를 대상화해서 '그것'으로 취급하는 느낌이 든다. 자꾸 채근하는 아내에게 짜증이 나고 미운 마음도 생긴다. 이런 감정은 바깥으로 잘 드러난다.

불통할 때 쓰는 이런 감정을 나는 '원심력 감정'이라고 부른다. 이는 마치 원심력처럼 자꾸만 바깥으로 나가려고 하는 감정이다. 결국 책임을 모두 상대방에 두려는 방향이기도 하다. 나와 그것의 만남에 기인한 표면 감정은 상대방을 향하고 결국은 불통을 동반할 수밖에 없다. 표면 감정, 상대방을 향한 분노, 원심력 감정에도 에포케가 필요하다.

내가 쓴 책 중에 『나쁜 감정은 나쁘지 않다』라는 제목의 책이 있다. 분노, 혐오, 미움, 우울, 짜증, 슬픔과 같은 감정은 우리가 흔히 '나쁘다'고 생각하는 감정들이다. 하지만 실제로 이것은 본시 나쁜 감정이 아니다. 이 감정들에 가만히 귀를 기울여 보면 무언가 숨은 목소리가 들린다. 원심력과 구심력이 동시에 존재하는 것처럼 감정에도 바깥뿐 아니라 안으로 향하는 감정이 있다. 단지 내면에 있는 중요한 감정을 방어하기 위해 바깥으로 튀어나오는 감정이 주로 나쁘게 보일 뿐이다.

원심력 감정이 강하면 강할수록 구심력 감정을 느끼기는 어렵다. 분노에만 신경을 쓰다 보니 진짜 내 감정이 무엇인지 들여다보기는 더욱 힘들어진다. 앞서 든 예를 다시 보면, 남편은 승진하지 못해서 생긴 부끄러움이나 모멸감을 드러내지 않기 위해 가정에서만이라도 자신의 체면을 지키려고 방어벽을 높일 수 있다. 그래서 평소에는 있는 그대로의 감정 소통이 불가능해진다. 갑자기 아내의 질문 공세로 방어벽이 허물어지려는 순간, 별안간 상대방을 향해 분노의 감정을 표출하고 만다. 겉으로는 매우 위험해 보이는 분노 감정은 알고 보면 아무도 받아주지 않을 것 같은 속 감정을 보호하는 역할을 맡고 있다.

바로 이 숨은 내면 감정, 구심력 감정이 바로 나(ich)와 너(du)의 관계를 상실한 감정이다. 이것은 하나밖에 없는 아내와 있는 모습 그대로 만나고 싶은 욕구, 나와 너의 관계에서 존중받고 싶은 욕구가 좌절될 때 발생한다. 구심력 감정은 자신의 존재를 향한 감정으로 가치나 자격을 확인할 때 발생하는 감정이다. '나는 이 정도면 괜찮은 사람이야', '나는 회사에서 버려진 존재야.' '나는 이런 일에 적당하지 않아. 나는 실패자야!' 등의 감정이다.

우리가 진정한 관계 형성을 위해 정말 드러내고 나눠야 할 감정은 원심력 감정이 아니라 구심력 감정이다. 물론 자기가 한 일을 스스로 부족하다고 여기는 마음, 즉 자격지심을 나누기는 절대 쉽지 않다. 가까운 사이일수록 솔직하게 속마음은 잘 드러내지 않는다. 하지만 참 자기의 속마음은 구심력 감정을 나눌 대상을 만날 때야 비로소 안전하게 밖으로 나올 수 있다.

그렇다면 이런 감정은 잘 훈련받은 심리상담사와만 나눌 수 있을까? 그렇지 않다. 주변의 좋은 사람들을 떠올려보자. 그 사람과 어떤 감정을 나누는지, 나의 부끄러움도 이야기할 수 있는지, 그저 원심력 감정으로만 소통하는 것은 아닌지 생각해보자. 만약 구심력 감정을 활용한 대화를 하고 있다면, 나와 너의 관계로 건강한 대화를 하는 셈이다. 더 이상 마음의 마스크가 필요하지 않은 소중한 관계임을 깨달아야 한다.

'나와 너'이고 싶은
바람을
꺼내라

내면의 감정, 구심력 감정을 다른 사람과 잘 나누기 위해 반드시 명심해야 할 것이 있다. 먼저 상대방을 나와 너의 관계로 만나고 싶다는 욕구가 중요하게 다루어져야 한다. 2장에서 살펴본 비폭력 대화의 2단계에서처럼 자신이 상대방에게 어떤 마음인지 선명하게 확인하고 느낌을 이야기해야 한다. 화를 내는 원인이 상대방에게 있는 게 아니라 자신에게 충족되지 못한 욕구 때문이라는 것을 파악해야 한다.

내 안에 있는 나와 너의 관계 욕구를 먼저 고려하지 않으면 상대방을 향하는 분노와 짜증 같은 나쁜 감정이 진짜라고 믿게 된다. 총을 선물로 주는 아버지의 마음이 아니라, 내가 한 말을 받아들이지 못하는 태도에만 집중해 무시당했다고 생각하거나 승진하지 못하는 부끄러움을 알아주지 못하는 아내에게 화가 나는 마음이 우선시된다.

그렇다면 앞선 사례에서 남편은 아내에게 뭐라고 말하는 게 좋을까?

"나는 당신에게 정말 멋지고 당당한 남편이 되고 싶어. 그런데 승진이 계속해서 늦어지니 스스로 형편없는 사람이라고 생각하게 돼. 당신에게 기쁨을 주고 자랑이 될 만한 존재가 아닌 것만 같아. 그래서 너무 비참해."

어떤가. 남편은 아내에게 자신이 품고 있는 나와 너의 관계 욕구를 먼저 설명했다. 이후에 지금의 구심력 느낌을 말하면서 공감받기를 원하고 있다.

실제로 상담하다 보면 평소에 자주 화를 내던 사람이 상대방에게 '그것'이 아닌 '너'로 존중받고 싶은 솔직한 내면의 욕망을 드러내며 눈물을 흘리는 경우가 상당히 많다. 처음에 상담실의 문을 두드렸을 때는 못 잡아먹을 듯 서로 원심력 감정만 발산하다가 구심력 감정을 발견하고 서로에게 존중받고 싶은 욕구를 드러내면 상상하지 못한 치유가 시작되곤 한다.

이처럼 구심력 감정을 드러내고 솔직해지는 경험은 특히 대한민국 중년 남성에게는 참 어려운 일이다. 이와 관련한 집단 상담 하나를 소개해보려고 한다. 한국에서 IMF가 막 터졌을 무렵 나는 미국에서 유학 중이었다. 당시에 많은 분이 직장에서 내몰리고 집에도 이야기하지 못한 채 양복을 입고 배회한다는 이야기를 들었다. 안타까운 마음이 들었지만, 유학생 신분으로 외국에 있는 상황에서 내가 도울 방법은 없었다.

그러다 귀국 후 교수 생활을 하던 중 2008년 무렵 또다시 글로벌 금융 위기가 닥친다는 이야기를 듣고 중년 남성을 위한 집단상담 모임을 만들었다. 모임에는 열 명 남짓한 50대 중후반 남성들이 모였다. 이분들의 공통적인 특징은 직장을 잃어 기가 죽어 있었고, 집단상담 환경을 매우 어색해했다. 하지만 이내 참석자 모두는 극도의 분노감과 조직에 대한 불만을 호소하기 시작했다. 조용히 혼자 있고 싶다 보니 가족에게도 자꾸만 화를 냈고, 결국 가족들도 자신을 피하면서 각자 방에 들어가 얼굴도 마주하지 않는 상황이 반복된다는 것이다. 상담 첫날 시작하자마자 이들이 품어내는 불타는 원심력 감정으로 상담실이 가열되는 듯했다.

나는 첫 번째로 이들 안에 있는 내면의 목소리를 한번 살펴봤다. 그러자 '넌 이제 끝났어. 누가 널 가장으로 존경하겠니?' 같은 부정적인 소리가 들렸다. 다시 한번 상기하자. 이 목소리,

마음의 매니저는 사실 내 편이다. 내가 더 이상 무너지지 않도록 과거의 아픈 경험이나 상처로부터 나를 방어하고 있는지도 모른다.

이분들과도 내면의 목소리가 적이 아니라 내 편이 되어야 한다는 이야기를 나누었다. 그리고 눈을 감고 내면의 매니저를 만나 고맙다는 인사를 하도록 했다. '수십 년 동안 나를 지켜줘서 고맙다. 나를 다른 사람에게 인정받게 하느라 고생했다. 나를 관리하느라고 수고가 많았다' 같은 말을 하면서 내면의 대화를 시도했다.

그다음으로 정말 중요한 단계로 넘어가야 했다. 평소에 매니저가 보호하려고 했던 자신의 마음을 차근차근 들여다보는 일이다. 그러자 한 명, 두 명 서서히 이야기를 꺼냈다. 집단상담의 장점 중 하나는 마음의 빗장을 굳게 걸어놨다가 옆에 있는 사람들이 비슷한 경험을 공유하면 다른 사람도 자연스럽게 마음의 긴장이 풀리면서 자신을 내려놓는다는 것이다. 한자리에 모인 사람들은 그 이야기를 들으며 함께 아픔을 품어주고 담아주는 역할을 한다.

내담자 중에는 평가 불안이 굉장히 높았던 어린 시절을 얘기했던 중년 남성도 있었고, 경쟁이 심한 직장을 다니면서 늘 2, 3등밖에 하지 못하는 바람에 트라우마가 생긴 사람도 있었다. 심한 경우는 어린 시절 아버지에게 가정 폭력을 당하거나 조직에서 따돌림을 당한 사례도 있었다. 그런 이야기를 하며 아무도 내 편이 없었다면서 눈물을 쏟기 시작했다. 한 번도 다른 사람에게 꺼내놓은 적이 없는 기억들을 드러내고 모인 모든 사람에게 뜨거운 공감을 받았다.

이제 마지막으로 해야 할 일은 무엇일까? 다른 사람에게 잘 보이기 위해서가 아니라 보호하기 위해 썼던 마음의 마스크를 벗어 던져야 한다. 까칠함으로 무장하고 가족들에게 소리를 지르던 모습에서 탈피해야 한다. 그리고 여전히 가족과 연결되고 싶은 욕구를 다시 한번 확인하고 이 욕구가 충족되지 않아서 느끼는 자괴감을 나눌 수 있어야 한다.

중년 남성들은 처음으로 자신의 숨은 기억을 꺼내고도 그 자리에 있는 사람들과 나와 너의 관계를 유지할 수 있었다. 상담사뿐 아니라 다른 집단원을 통해서 서로 받아들여지는 경험을 했다. 나를 드러내면 비난받을 줄 알았는데 오히려 있는 모습 그대로를 드러내도 괜찮다는 경험을 한 것이다. 이런 모습을 가족들에게도 조심스레 표현하도록 한 것이 나의 처방이었다. 여전히 가족 앞에서는 약한 모습을 드러내기를 주저했지만 숙제로 내주면서 과거 경험뿐 아니라 오늘 이야기하며 울었던 경험까지 공유하도록 했다. 가능하다면 자신의 욕구까지 솔직하게 말하도록 권했다.

"나는 여전히 가정에서도 당신에게 또 아이들에게 필요한 사람이 되고 싶어. 이게 내 바람이야. 그런데 이렇게 직장을 잃고 무슨 일을 해야 할지도 모르고 우왕좌왕하는 나 자신이 너무 부끄러워."

이런 이야기를 자녀들이나 배우자가 들으면 어떨까? 아마 뜨거운 눈물이 흘러나올 것이다. 아버지를 부끄럽게 여기기보다 그동안 고생 많았다며 서로 격려하는 자리가 될 수 있다. 이것이 있는 그대로 나를 드러낼 때 만들어지는 건강한 관계, 나와 너의 관계를 만드는 출발점이 될 것이다.

사람을
만나고 싶지만
만나기 싫다

'살코기 세대'라는 말을 들어본 적이 있는가? 살코기 세대란 기름기를 쏙 뺀 살코기처럼 불필요한 인간관계를 최소화하려는 최근 2030 젊은 세대의 관계 맺기 트렌드를 반영한 신조어다. 이들은 혼자 보내는 시간을 중요하게 여기며 인간관계를 꾸준히 이어가는 대신에 꼭 교류가 필요할 때만 모여서 필요한 정보를 공유한다.

　이 세대에게 관계 맺기는 피곤한 일이다. 차라리 자신이 원하는 방식으로 '혼밥'과 '혼술'을 즐기는 게 마음이 편하다. 다른 사람에게 너무 잘 보이려고 하지 않고, 억지로 장단을 맞추지 않는다는 점에서는 지금까지 말한 마음의 거리두기와 비슷하지만, 조금 더 들어가 보면 본질적으로 차이점이 있다. 이들의 마음속 매니저는 필요할 때만 사람을 만나라고 권하는데, 이는 살코기 세대의 내면에 자리 잡은 경쟁과 평가에 대한 두려움을 보호하려는 것이다.

성장 과정에서 이들을 가장 아프게 억압했던 것은 학업성과에 대한 부모의 모진 평가, 사회나 학교에서의 무한경쟁, 1등이 아니면 패배자라는 의식 등이었다. 그렇다면 마음속 매니저는 이런 내면의 목소리를 던질 수 있다. '어차피 긍정 평가를 받을 수 없거나 승자가 되지 못한다면 굳이 애쓸 필요가 있을까?', '그냥 평타나 치고 살아!', '네가 무슨 금수저라도 되는 줄 알아?', '괜히 모임에 다 나가지도 말고, 절대 나대지 마!' 이렇게 관계 맺기를 자꾸 피하다 보면 앞서 말한 'Don't be nice'는 가능하지만 'Be real'은 불가능해진다.

살코기 세대는 'Don't be nice'를 넘어서, 회사에서 '좀비'가 되기를 자처하기도 한다. 말 그대로 상사에게 잘 보이려고 애쓸 필요 없이 영혼 없는 사람처럼 생활하는 것을 뜻한다. 상사에게 눈이 풀리고, 피곤해하는 모습을 계속해서 보여주다 보면 의욕이 없는 사람처럼 보여 큰일을 맡기지 않고 그럭저럭 자리만 보존하면서 회사에 다닐 수 있다. 굳이 귀찮은 일을 떠맡아 책임질 필요도 없다. 이런 태도는 타인에게 상처받지 않으려는 내면의 욕구가 강하게 발현된 경우다. 앞서 말한 '음소거 기술'

과도 비슷한 맥락이다.

내면에 상처를 너무 많이 받아서 스스로 자신을 드러낼 수 있는 여력을 잃어버리면 그때부터 관계를 회피하게 된다. 오랫동안 나와 그것의 관계를 축적하다 보니 막상 사회에 나와 본격적으로 타인과 관계를 맺어야 할 때, 의지도 능력도 상실해버린다. 더 큰 상처를 받지 않기 위해 과거 상처와의 거리두기는 하고 있지만, 그렇다고 진정한 관계에 대한 욕구마저 포기해도 되는 걸까? 아니다. 나와 너의 관계에 대한 욕구는 모든 사람이 가진 굉장히 중요한 자원이다.

실지로 살코기 세대 내담자들을 만나보면 '진짜 내가 누구인지 모르겠다'며 진정한 자기를 잃어버린 상실 경험을 이야기하는 경우가 많다. 자신이 뭘 원하는지, 어떤 사람인지 당최 모르겠고, 늘 타인을 위해서 사는 것 같다는 말을 자주 하곤 한다. 이는 내게 2030세대들이 관계 자체를 거부하는 듯 보여도, 나와 너의 관계에 대한 욕구를 결코 포기한 적이 없다는 사실로 받아들여진다. 나를 잃어버렸다는 말을 통해 진정 나를 찾고 싶어 하는 욕구를 강력하게 드러내는 것이고, 나와 너의 관계 회복을 통해 참 자기가 될 수 있는 상태다.

이렇게 나와 너의 관계로 회복하기 위해서는 고통스럽더라도 마음속 매니저가 보호하는 상처와 만나야 한다. 상처를 받으면 받을수록 매니저는 더 강하게 발동된다. 그러다 보니 극단적으로 관계를 차단하게 하고, 유연한 인간관계를 포기하는 대신 퍽퍽한 삶을 살도록 강요하는 것이다. 하지만 알고 보면 나와 너로 만나는 만남을 가장 강력하게 갈구하는 세대가 바로 살코기 세대다. 그래서 나는 젊은 세대에게 심리상담을 통해 나와 너의 관계를 경험할 수 있도록 전문적인 도움을 받는 것을 강력하게 권고하곤 한다. 진정한 나로 사람들을 만나는 경험을 확장해주는 것이 관계 맺기의 핵심 포인트가 될 수 있기 때문이다.

물론 나와 너의 관계를 만들 수 있는 단 한 명의 친구를 만날 수만 있다면 이 역시 좋은 대안이다. 친구란 상대방을 '그것'으로 판단하기보다는 자신과 똑같은 인격체로 존중하는 공평한 관계를 만들어갈 수 있는 최고의 대상이기 때문이다. 우리는 친구와 물리적인 시간과 공간을 공유하면 할수록 저절로 친밀한 사이가 된다고 믿는다. 하지만 그게 진정한 친구의 필요충분조건은 아니다. 실은 인격체로 존중받고 싶은 관계의 욕구를 충족시킬 수 있다면, 우리는 누구와도 친구가 될 수 있다.

관계가
짐이 되지
않도록

한자 '사람 인(人)'은 두 사람이 서로 기대고 있는 모습을 나타낸다. 인간(人間)이라는 단어는 또 어떤가. 사람을 표현하는 단어에 사이(間)라는 말을 보태어 관계가 전제된 인간존재 양식을 나타냈다. 이 말은 사람 사이에 건강한 마음의 거리두기가 반드시 필요하다는 것을 강조한 단어는 아닐까?

다시 부버의 이야기를 살펴보자. 그는 "진실로 나는 너와의 직접적인 관계를 매개로 해서만 버젓한 나가 된다."라고 말했다. 즉 사랑이 나의 안에 있는 게 아니라 나와 너 사이에 존재한다는 것이다. 그 사랑은 열정적으로 끓어오르는 마음이 아니라 상대방에 대한 책임을 의미한다.

책임이라는 단어는 영어로 'responsibility'라고 쓴다. 이는 반응한다는 의미의 'response'와 능력이라는 뜻의 'ability'가 합쳐진 단어다. 책임이란 의무(duty)라기보다는 반응하는 능력이라는 말이다. 그렇다면 사랑이란 상대방에 '그것'으로 반응하지 않고, '너'로 반응할 수 있는 능력이다.

사랑이라는 감정은 사실 이해하기가 상당히 어렵다. 한때는 불같이 사랑했던 사이임에도 시간이 지나면 죽일 듯이 미워하는 사이가 되기도 한다. 이들 사이의 사랑이란 '나-너'의 관계로 반응하는 능력이 사라지고 '나-그것'으로 변하는 순간, 사랑은 변질되기 시작한다. 미움은 상대방을 전체가 아닌 부분으로 볼 때 자연 발생한다.

나는 가끔 부부를 상담할 때 상대방에 대해 "저 사람이 너무 미워 죽겠다"라고 말하는 경우를 접할 때가 많다. 그러면 나는 "저는 그렇게 생각하지 않는다"라고 말하곤 한다. 그러면 내담자들은 황당해하면서 무슨 말인지 궁금해한다. 자신의 목숨보다 더 사랑한다면서 결혼한 이들이 시간이 흐른 후 이젠 미워 죽겠다는 건 어떻게 이해해야 할까?

많은 사람이 사랑이란 감정은 있다가도 없어지는 것이라고 말한다. 사랑은 앞서 이야기한 대로 감정이라기보다는 상대방을 '너'로 반응하는 능력이다. 그러니 그런 반응 능력을 점점 유지하기 힘들어질 때 사랑의 힘도 에너지를 상실해간다.

부부가 상대방을 미워하는 감정은 결코 전 존재를 향하지 않는다. 단지 어느 한 부분이 나에게 부담을 주기 때문에 더 이상 '너'로 상대방을 바라볼 수 없게 만든다. 내가 꽁꽁 숨기고 있는 '나와 그것'의 관계에서 받은 상처를 건드리는 경우가 대부분이다. 가장 흔한 예로는 배우자의 태도나 말투가 갑작스럽게 자신의 내면을 건드리는 경우가 있다.

남편에게 무슨 말만 하면 버럭 성을 내는 남편을 가진 아내가 상담실을 찾아왔다. 아내는 그동안도 남편과 애틋한 사랑이 아닌 의리로 살았다면서, 이제 자녀들도 다 출가한 상태여서 결혼을 정리할 마음을 먹고 있었다. 아내는 무슨 말만 하면 늘 화를 낸다고 했지만, 나는 최근 발생한 사건 중 남편의 격노를 일으켰던 아내가 던졌던 '무슨 말' 하나를 기억해내도록 했다.

아내는 평소에 쩨쩨하다는 표현을 자주 쓰는 데 남편은 왜 그렇게 그 말이 화낼 일인지 모르겠다고 항변했다. 어제는 자신이 '어린 시절 지지리도 가난했던 티를 낸다'는 말을 했더니, 갑자기 물컵을 냅다 바닥에 던졌다고 했다. 남편과 연애할 때는 그저 절약 정신이 투철한 사람이란 생각이 들었는데, 지금은 가족보다도 돈이 훨씬 더 중요한 구두쇠 같다고 말을 이어갔다. 앞서 말한 대로 아내의 표현대로라면 아내는 남편을 향한 애틋한 사랑이 하나도 남아 있지 않다고 굳게 믿고 있는 듯

했다. 사랑 없이 의리로는 더 이상 버티기 어렵다는 말로 들렸다. 그의 말이 어떻게 남편의 어린 시절 '나와 그것'의 관계를 떠올리게 하는지 탐색이 필요했다.

그래서 다음 회기에는 남편과 개인 상담을 가졌다. 남편은 자신에 대해서 아내가 어떤 일들을 고발했는지 알고 싶어 했다. 그러나 내게 아내에게 들은 남편 이야기는 전혀 중요하지 않았다. 나는 그저 남편이 어린 시절 부모님이나 주요 대상들과 나와 그것의 관계로 살았는지, 나와 너의 관계로 살았는지가 몹시 궁금했기 때문이다.

아내의 보고대로 남편은 지극히 가정형편이 어려운 가운데 자랐다. 부친은 시각장애를 가진 안마사였고, 모친은 시장에서 행상을 하면서 4남매를 키웠다고 했다. 또 부친은 심한 우울증과 알코올중독으로 가사를 탕진한 후 어린 자녀를 두고 간경화로 사망했다고 했다.

장남이었던 남편은 어린 시절 자신이 가장의 역할을 했다고 말했다. 동생들의 연필과 공책 등을 재활용하도록 늘 꼼꼼하게 신경 써야 했고, 동생들은 물론 엄마의 스트레스까지 모두 감당해야 했다. 남편으로부터 심한 스트레스를 받았던 모친은 이후 장남에게 폭언과 폭력을 행사했다고 전하면서 눈물을 글썽이기도 했다.

남편은 단 한 번도 엄마의 말에 말대답을 한 적이 없다고 했다. 지금도 꼬박꼬박 용돈을 챙겨드리지만, 돌아오는 것은 늘 모친의 운명에 대한 한탄뿐이라고 했다. 자신의 존재가 더 이상 버틸 힘이 없다고 했다. 특히 최근 그는 아내의 말 한마디 한마디는 다 자신의 존재 가치를 바닥으로 떨어뜨린다고 했다. 그때나 지금이나 자신은 '가족의 소모품, 밑이 빠진 독'에 불과한 것 같다고 했다. 이는 아마도 늘 불안 가운데 그와 함께했던 마음의 매니저가 내는 목소리 같았다.

그는 가족 구성원들 모두에게 '그것'으로서의 존재가치를 느끼고 있는 것이 분명했다. 나는 가정의 모든 책임을 자신이 홀로 떠안고 있는 느낌 같다고 공감했다. 그는 격하게 고개를 끄덕이면서 뜨거운 눈물을 흘렸다. 공감은 늘 구심력 감정을 담아줄 때 완성된다.

이때 상담사는 과거의 상처, 즉 나와 그것의 경험을 현재의 관계와 잠시 거리를 두도록 안내해야 한다. 원가족에서 자신을 '소모품'으로 느꼈던 과거 경험을 현재 아내에게 '쩨쩨한 구두쇠'로 여겨지는 현재 경험과 같다고 여겨서는 안 되기 때문이다. 잠시 거리를 두어야 다시 나와 너의 관계를 시도할 수 있다. 이때 상대방과 나와 너의 관계를 원하는 자신의 욕구와 구심력 감정을 충분히 나눌 수 있을 때 새로운 관계의 시작이 첫 단추를 끼울 수 있다.

상담사 앞에서 꺼내놓은 자신의 존재 가치에 대한 느낌, 즉 구심력 감정은 마음속 깊이 꽁꽁 묶여 있었다. 대신 평소에 아내에게 던지는 감정은 매우 폭발력 있는 방어감정, 원심력 감정이었다. 사랑의 열기가 식은 것이 아니다. 상대방을 향해 '너'로 반응하여 나와 너의 관계를 지속될 수 없을 때 사랑은 안개처럼 사라지고 만다.

그렇기 때문에 부부 상담에서 다시 사랑을 회복하기 위해 하는 일은 다 꺼진 불씨를 회복하는 게 아니다. 부부 상담사는 꺼진 불을 다시 지피는 사람이 아니라 단지 상대방에게 어떻게 반응하면 되는지 방법을 알려주는 사람이다. 원가족 시절부터 숨겨져 있는 민감한 상처를 건드려 나와 그것의 관계로 끝나지 않고 상대방을 온전하게 나와 너로 만날 수 있도록 돕는 것이다.

미국에서는 이혼한 후에도 자녀가 있다면 의무적으로 상담을 받아야 하는 주가 많다. 카운티마다 다르지만 캘리포니아에서는 주로 10회 상담이 필수였다. 이때 관건은 당연히 두 사람을 재결합하게 만드는 것이 아니다. 이혼할 당시 진짜 갈등의 원인, 즉 자신의 과거 상처를 발견하는 게 더 중요하다.

대개 부부 관계에서 자신이 배우자에게 그것으로 전락하는 관계일 때 갈등은 생기게 마련이다. 근본적인 문제를 해결하지 못하면 앞으로 다른 사람을 만났을 때 그 상처가 드러나는 일이 생기면 다시 미워하고 이별하는 일을 반복하게 된다. 내 안의 상처받은 과거를 잘 회복해야만 지금 여기에서 새롭게 만나는 누구와도 나와 너의 관계로 만날 수 있다.

그것으로 여겨지는 자신의 상처를 미리 알면 관계의 위기에서 빠져나오기 쉽다. 이는 나와 그것으로 여겨졌던 과거를 현재와 잠시 거리를 둘 때 가능한 일이다. 그래야 이혼 후에도 다른 만남에서 더욱 건강한 관계를 만들고, 전 배우자를 자녀의 공동 양육자로 건강한 관계를 형성하는 데도 도움을 줄 수 있다. 이것이 이혼한 부부에게도 굉장히 중요한 상담의 기본적인 원리다.

지금까지 살펴본 것처럼 우리에게는 불안한 마음속 매니저와의 에포케 대화가 절실히 필요하다. 부모에게 상처받은 경험이 있거나 학창 시절에 심한 따돌림을 경험했거나 그 밖에 여러 관계에서 처절하게 버려진 아픔이 있는 사람일수록 마음의 매니저는 강하게 작동한다. 내 안에서 나를 모질게 채근하며 몰아가는 목소리를 마구 퍼부어댈지도 모른다.

다시 한번 강조하지만, 그 매니저는 남의 편이 아니라 당신의 편이다. 마음속 매니저에 대한 부정적인 판단이나 느낌을 잠시 멈추어보자. 과거에 당신이 어떤 경험을 했든 어떤 상처를 받았든 앞으로는 새로운 관계를 맺으며 불안해할 필요가 없다. 직장을 잃은 중년남성들처럼 아무리 관계를 단절하고 싶어하는 사람이라도 내면에는 여전히 중요한 대상과는 나와 너의 관계로 만나고 싶다는 강한 욕구가 있다. 이 마음을 솔직하게 드러내고 가까운 사람에게 표현했을 때 궁극적인 치유가 이루어진다.

가끔 사람들에게 이렇게 질문할 때가 있다.

"관계는 짐인가요, 선물인가요?"

그러면 대부분은 선뜻 대답하기를 어려워한다. 다른 사람 눈치를 보고 평가에 좌우될 때면 차라리 모든 관계를 끊고 섬에 가서 혼자 살고 싶다는 생각이 들 때도 있다. 그렇다면 관계를 과연 선물이라고 볼 수 있을지 의문이 들기 마련이다.

부버는 성경 구절을 패러디해 "태초에 관계가 있었느니라!" 라고 말했다. 나와 너의 관계는 나와 너라는 두 요소가 합쳐진 때부터 생긴 게 아니라는 말이다. 나라는 인식이 생기기 이전부터 존재했다. 우리는 모두 언어로 소통한다. 부버에 따르면 언어도 관계를 맺기 위해 시작되었다. 그래서 초기 문법의 원시 구조를 보면 모두 다 관계 중심이라고 한다.

인사법도 마찬가지다. 카피르(Kaffir)라는 종족의 인사말은 "자네가 보이네. 네가 거기 있네"로 시작한다고 한다. 우리말의 "안녕하세요" 역시 상대방과의 관계에서 출발하고 있다. 나, 너, 우리가 있고, 가족이 있어서 서로의 안녕을 묻는 것이 인사말이다.

관계는 버리거나 끝내거나 없앨 수 있는 것이 아니다. 나와 너, 너와 나 사이에 처음부터 있었던 선물이다. 부버는 '상대방을 그것으로 만나는 관계는 아직 번데기의 관계'라고 했다. 아직 더 성장해야 할 단계가 남아 있기 때문이다. 이런 관계에서 내가 상대방을 '너'로 만나야 나비로 날아오를 수 있다. 나 스스로를 그것으로 여겼던 과거의 기억에서 거리를 둘 때라야 오늘 나와 너의 관계는 비로소 나비처럼 재탄생할 것이다.

상처 주지 않고
성과 내는 리더의 대화법

.5.

리더를 따라가는 사람들은 여전히 발현되지 않은 잠재력을 가진 채 앞으로 나아가는 중이다. 그들이 능력을 키워 날개를 펼수 있도록 대화한다면 스스로 변화의 가능성을 발견할 것이다.

인간관계에도
코칭이
필요하다

'코칭'이라는 단어를 한번쯤 들어봤을 것이다. 코칭은 우리말로는 개인 교습 정도로 번역되지만, 그보다는 개인이 지닌 능력을 최대한 발휘해 목표를 이루도록 돕는 일이라는 의미로 더욱 널리 사용된다. 예전에는 한정된 분야에만 쓰이던 이 말이 지금은 사회 각 영역에서 광범위하게 통용된다.

가장 오래되고 익숙한 용례는 스포츠 영역이 아닐까 싶다. 아무리 뛰어난 선수라도 최적의 컨디션으로 연습하기 위해서는 반드시 코치가 필요하다. 코치는 선수의 기량에 딱 맞는 훈련법을 연구하고 연습 스케줄을 짜면서 실전에서 가장 좋은 성적을 거둘 수 있도록 돕는다. 그래서 코칭이라고 하면 선수들이 받는 훈련 혹은 트레이닝 정도로만 여기는 사람도 있을지 모르겠다.

그런데 요즘에는 스포츠 이외의 분야에서도 코칭이라는 단어를 흔히 볼 수 있다. 가장 먼저 떠오르는 곳은 비즈니스 영역이다. 회사를 운영하다 보면 창업부터 경영 관리, 마케팅, 인간관계, 조직 성장 등 비즈니스 전반에 걸쳐 가이드가 필요하지 않은 곳이 없다. 기업 코칭을 전문으로 하는 회사도 많아졌다. 이외에도 학습 코칭, 진로 코칭, 심지어 병원에서도 메디컬 코칭이라는 단어를 사용한다.

'코치(COACH)'라는 여성 패션 브랜드를 본 적이 있는가? 여성이라면 누구나 알 정도로 유명한 이 회사는 1941년 뉴욕에서 탄생해 80여 년의 역사를 가진 곳이다. 로고에 그려진 마차 그림은 코치라는 단어가 유럽에서 개인 마차를 의미하는 단어로 쓰인 데서 유래했다. 코치를 몰기 위해서는 당연히 좋은 말과 마부가 필요했으므로 돈이 많은 귀족들만이 마차를 소유할 수 있었다. 코칭이라는 단어는 바로 그 코치에 'ing'를 붙인 말이다.

이와 비슷하게 재미있는 단어가 하나 더 있다. 기차를 뜻하는 train이다. 여기에 ing를 붙이면 훈련이라는 의미로 사용하는 '트레이닝(training)'이라는 단어가 된다. 그렇다면 코칭과 트레이닝의 차이는 무엇일까?

두 교통수단의 특징에 답이 숨어 있다. 마차는 개인이 소유하지만, 기차는 개인이 소유할 수 없고 다른 사람과 함께 규칙에 따라 이용해야 한다. 정해진 시간에 맞춰 역으로 가지 않는 한 기차를 탈 방법은 없다. 다시 말해 코칭이 개인의 필요에 따라 맞춤형 도움을 받는 것이라면 트레이닝은 다 같이 모여 함께 훈련하는 것이다. 축구팀을 예로 들면 필드에서 뛰는 선수들이 아침에 함께 모여 구보를 하는 것이 트레이닝이고, 골키퍼만 따로 불러내 구보 대신 맞춤형 점프 연습을 하는 것은 코칭이다.

그렇다면 비즈니스에서의 코칭은 어떤 것일까? 사전적 정의는 회사 운영, 리더십, 성과, 실행 능력, 팀 빌딩, 팀워크 향상, 심지어 수익 개선까지 다양한 비즈니스 주제에 초점을 맞춰 도움을 주는 맞춤형 서비스를 비즈니스 코칭이라고 한다. 특히 큰 회사일수록 직급이 높은 사람들을 대상으로 하는 교육에 신경 쓰면서 회사 운영의 효율성을 제고하기 위해 노력한다. 이러한 특별 서비스를 이그제큐티브 코칭(executive coaching), 즉 임원 코칭이라고 한다.

이 서비스는 2000년대 초반부터 국내 비즈니스 영역에 소개되기 시작한다. 임원 코칭 대학의 창립자인 제프리 오이어 바흐(Jeffrey E. Auerbach)는 2001년 《포춘》지에 「The Benefits of

Business Coaching(비즈니스 코칭의 이점)」이라는 방대한 보고서를 제출했다. 1000개 기업의 고위 및 중견 간부들에게 주기적으로 코칭을 실시하기 전과 후에 무엇이 달라졌는지를 면밀하게 조사한 보고서였다.

코칭을 받은 개개인에게 코칭의 이점을 물었더니 모두 관계가 개선되었다고 이구동성으로 답변했다. 하급직원과의 관계, 관리자와의 관계, 그리고 파트너와의 사업적 관계도 개선되었다고 했다. 팀워크가 좋아지고 조직 내 갈등도 줄어들었다고 답했다. 충분히 예측할 수 있는 결과였다. 여기서 연구자는 개인의 진술과 기업의 객관적인 지표를 비교하기 위해 코칭을 받은 후 몇 가지 항목의 변화 여부를 물었다. 예컨대, 고객 서비스가 증대되었는지, 비용이 절감되었는지, 최저 수익률이 상승되었는지 등의 경영 전반에 관한 질문이었다.

놀랍게도 조사에 응한 중견간부들이 코칭 이후 가장 달라진 부분이라고 밝힌 항목은 바로 자신이 속한 기업의 생산성 증대였다. 답변자들 중 53퍼센트가 코칭을 받은 후에 기업의 생산성이 높아졌다고 평가했다. 그 외에는 고객서비스 증대 39퍼센트, 비용 절감 23퍼센트, 최저 수익률 상승 22퍼센트순으로 나타났다. 이들의 진술은 실제 데이터와 크게 다르지 않았다.

이 결과가 발표되자 세계 여러 나라에, 그리고 우리나라에서도 비즈니스 코칭을 도입해야 한다는 움직임이 일어났다. 이후 코칭 역량을 갖추고 계약에 따라 일련의 프로세스와 전문적인 코칭 서비스를 제공하는 업체와 전문가들이 등장했다. 전문 코치와 기업은 특정 기간, 특정 횟수만큼 비즈니스 코칭을 하는 계약을 맺고, 회사의 운영 전반에 대해 임원과 직원들을 만나 코칭 서비스를 제공한다.

현재 비즈니스 전문 코칭은 어느 정도 규모가 있는 대기업에서 임원급 이상에게만 제공하는 고가의 서비스로 알려져 있다. 코칭 서비스를 받은 이들은 각 회사에 맞는 방식으로 코칭을 적용해 기업의 생산성을 높이고 조직원의 잠재력을 끌어올리는 데 기여한다. 이런 방식으로 회사가 더 나은 방향으로 움직인다면 아무리 고가의 서비스라도 조금도 아깝지 않은 투자가 될 것이다.

그렇다면 이런 고비용의 비즈니스 코칭은 대기업에서만 적용할 수 있을까? 아주 작은 조직의 리더라도 여러 구성원과 함께 일할 때 이러한 접근법을 활용할 수 있다. 작은 단체의 리더라면 단체구성원들과 일할 때, 부모라면 자녀와 함께할 때, 선생님이라면 학생들을 가르칠 때 비즈니스 코칭의 원리가 큰 도움이 된다.

굳이 영어로 이야기하면 '코칭 어프로치(coaching approach)'를 리더들이 자신의 조직이나 구성원들에게 적용하는 것이다. 굳이 자신이 전문 코치 인증을 받고 코칭 분야 전문가로 일하지 않더라도 말이다. 특히 조직 내 소통에 문제를 겪는 조직이라면 이 방법으로 해결책에 더욱 가까워질 수 있다. 나는 이러한 접근법을 '에포케 코칭'이라고 이름 붙였다. 에포케, 즉 판단중지의 원리를 일에 적용해 자신의 업무 능력을 극대화하고 리더로서 조직을 창의적으로 관리할 수 있다고 믿기 때문이다. 이제부터 그 방법을 살펴보자.

얼굴 붉히지 않고
원하는 걸
얻어내는 대화

조직의 리더는 관리자다. 그는 신속한 판단으로 직원들을 평가하고 지시를 내려 제한된 시간 안에 가장 좋은 성과가 나도록 조직을 이끈다. 앞의 장에서 나는 리더가 이끌어야 할 MZ세대의 소통법을 제대로 이해하는 일이 중요하다고 했다. 바로 이것이 리더들에게 에포케 훈련이 필요한 이유다.

과거에 리더란 직장에서 업무 능력을 극대화하기 위해 카리스마를 발휘해 부하 직원을 끌고 가는 사람이라는 인식이 있었다. 당연히 이런 전통적 리더십은 통솔력과 동의어로 여겨졌다. 나는 상명하복 같은 관료제에 익숙한 상급자들의 전통적인 리더십 유형을 '호루라기 리더십'이라고 부르곤 했다. 마치 리더는 호루라기를 불면서 구령을 붙이는 체육 선생님처럼 보였던 것이 사실이다, 하지만 요즘에는 사정이 좀 달라졌다. 그보다는 아랫사람이 창의적으로 일할 수 있도록 촉진하고 돕는 사람이 진정한 리더라고 평가받는다.

앞 장에서 비폭력 대화를 에포케 대화로 다루었다. 코칭 분야에서도 가장 중요하게 다루는 주제가 바로 대화다. 그래서 코칭 교육기관에서 첫 수업은 '대화의 기술(art of conversation)' 혹은 '질문의 기술(art of question)'을 배우는 일로 시작한다.

지금부터는 우리가 평소에 하는 일반 대화와 에포케에 기반을 둔 코칭 대화를 비교해보려고 한다. 짐작건대, 당신이 조직의 리더나 부모, 선생님과 같은 위치에 있다면 그동안 일반 대화를 했을 가능성이 크다. 이런 일반 대화는 주로 판단이 앞서는 대화다. 이럴 때는 에포케를 활용해서 판단을 잠시 중지하고 감정을 다루며 다양하게 대화하는 기술이 필요하다. 일반 대화의 10가지 특징을 코칭 대화와 비교해보자.

일반 대화의 첫 번째 특징은 묻기 전에 판단부터 한다는 것이다. 이야기를 듣다가 상대방의 잘못을 지적하거나 섣불리 답을 주기도 한다. 그래서 일반 대화를 하는 리더는 주로 "내가 알려줄게, 네가 뭘 잘못 생각하고 있는지"라고 지적하기 일쑤다.

반면 에포케에 기반한 코칭 대화는 자초지종을 충분히 듣고 묻는다.

"네가 그렇게 생각하는 이유를 조금 더 이야기해볼래? 아마 그렇게 생각한 이유가 더 있을 것 같아서 그래."

판단을 잠시 멈추지 않으면 이런 질문은 결코 할 수 없다. 코칭을 잘하는 사람은 자신보다 상대방에게 말할 기회를 더 많이 준다.

일반 대화의 두 번째 특징은 답정너 질문을 한다는 것이다. '답은 정해져 있고 너는 대답만 하면 돼'라는 뜻이 있는 이 신조어는 '예/아니오'로 끝나는 폐쇄형 질문을 했을 때 주로 사용한다. 판단이 앞서면 상대방에게 생각할 여지를 주지 않고 이런 방식으로 대화하기가 쉽다.

"김대리, 보고서 끝냈지요? 어제도 내가 오늘 오후까지 해야 한다고 분명히 말했을 텐데. 기억나요, 안 나요?"

이런 질문은 '예/아니오'로 대답해야 하고, 다른 어떤 추가 설명도 할 여지가 없다. 반면 코칭 대화에서는 개방형 질문을 한다. 상대방에게 묻고 생각할 시간을 충분히 주면서 창의적인 답을 유도한다.

"혹시 보고서 어떻게 진행되고 있나요? 준비하는 데 어떤 어려움이 있었는지 좀 물어봐도 되나요?"

이런 개방형 질문은 이행 여부에 따른 잘잘못을 따지는 질문처럼 들리지 않는다. 더 나아가 보고서 작성 과정에 대한 애로사항을 듣고자 하고, 보고서의 질을 높이는 데 더욱 관심이 많은 상사의 의도를 느끼게 한다.

일반 대화의 세 번째 특징은 대화를 끊는 일이 잦다는 것이다. 스스로 지식이나 정보가 많은 사람이라고 생각할수록 이런 경향이 두드러지고, 부모 중에도 이런 식으로 대화하는 사람이 참 많다. 보통 이런 말로 대화를 끊어버리곤 한다.

"알겠어. 무슨 말인지 다 안 들어도 알 것 같아."

하지만 코칭 대화에서는 빠르게 판단하지 않고 이야기를 끝까지 듣는다. 물론 이렇게 하려면 상대방을 중간에 판단하고 지적하려는 마음을 잠시 괄호 안에 묶어두고 인내하는 에포케 연습이 반드시 필요하다.

일반 대화의 네 번째 특징은 대화의 목적이 주로 평가라는 점이다. 본인이 평가의 책임을 가지고 있는 조직의 상급자이거나 선생님인 경우에는 이런 대화를 하기 쉽다. 상대방의 말이나 행동을 보고 섣불리 잘못했다고 이야기한다.

"기분 나쁘게 생각하지 말고 들어요. 지금 뭐가 문제인지 알려줄게요."

최대한 예의를 갖추고 조심스럽게 이야기해도 듣는 사람은 벌써 기가 죽는다.

반면 코칭 대화를 잘하는 사람은 상대방이 스스로 평가하게 한다. 대화하면서 자연스럽게 상대방이 문제점을 깨닫고 느낄 수 있도록 만드는 것이다. 이를 위해서는 고도의 대화 기술이 필요하다.

"지금 성과가 이번 연말까지 계속된다면 어떤 결과가 생길지 예측해볼 수 있을까요? 그리고 경쟁회사는 지금부터 온라인 매출에만 집중한다던데, 우리 회사에 미치는 영향은 뭘까요?"

이런 코칭 대화는 듣는 사람에게 책임을 전가하면서 죄책감을 주지 않는다. 미래의 결과를 미리 예측해보면서 자신이 지금부터 해야 할 일을 스스로 깨닫고 주도적으로 행동 수정을 유도하는 것이다.

일반 대화의 다섯 번째 특징은 지나치게 논리에 치우친다는 점이다. 좌뇌를 사용해 논리를 펼쳐서 상대방이 꼼짝달싹 못하게 이야기를 이끌어간다. 보통 "처음부터 사전조사가 철저하게 안 되면 결과는 이런 식으로 나올 수밖에 없어요. 그러니까 사전조사를 충분히 하라고 내가 그렇게 강조를 한 거야. 사전조사가 미비하면 결과는 뻔하니까"라는 식이다. 이런 대화에서는 상대방이 무조건 머리를 조아려야만 한다.

반면 코칭 대화는 우뇌를 사용해 논리보다 감정을 존중하며 상대방에게 공감하는 방식으로 이야기한다.

"사전조사를 철저히 하라고 부탁했으니까 분명히 진행했을 텐데, 이런 결과가 나와서 많이 당혹스러웠겠네. 처음 맡은 일이라 부담도 많았을 테고, 어떤가요?"

일반 대화의 여섯 번째 특징은 화자가 전부 알고 있는 척을 한다는 것이다. 교수가 처음 되었을 때 이런 이야기를 들었다. 조교수들은 자신도 모르면서 아는 것처럼 가르치고, 부교수가 되어서야 비로소 자기가 아는 걸 가르친다는 것이다. 그러다

10년 후쯤 정교수가 되면 많은 것을 잊어버려서 자기가 기억나는 것만 가르친다는 우스갯소리를 했다.

리더들도 마찬가지일 수 있다. 자신이 잘 모르는 걸 다 아는 척하면서 말하려는 경향이 있다. 주로 이렇게 시작한다.

"내가 이 회사 영업부에서만 20년이 넘었어요. 딱 보면 밖에서 어떻게 영업하는 지 다 보여요."

반면 코칭 대화는 알아도 모른 척을 한다. 무슨 말인가? 굳이 리더가 아는 것을 모른 척할 필요까지 있을까 반문할 것이다. 그 이유는 가르치려고 하는 대화보다 상대방에게 주도성을 주려는 대화에서 상대방의 창의성이 살아나기 때문이다.

"내가 요즘 젊은 사람들 추세를 잘 몰라서 그러는데, 이번에는 MZ세대를 염두에 두고 김 대리가 영업 방향을 잡아보세요. 아무래도 젊은 세대 대상이라면 김 대리가 좋은 아이디어가 있지 않을까 싶네요."

일반 대화의 일곱 번째 특징은 자꾸 답을 주려고 한다는 것이다. 리더라면 조직의 답을 빨리 주고 따라오게 해야 한다고 생각하는가? 아니다. 힌트를 주고 상대방이 주도성을 갖게 하는 게 맞다. 리더는 하급자들이 정확한 답을 원한다고 믿는다. 그러니까 하급자들은 주도성이 떨어지고 강한 동기가 생기지 않는지도 모른다. 어차피 상급자가 결과의 모든 공을 다 가져갈 것이 뻔하기 때문이다.

"거봐, 내가 시키는 대로 하니까 성과가 나잖아!"

반면에 코칭 대화에서는 답을 주지 않고 상대방에게 단서만 던져줘서 생각할 거리를 남긴다.

"외국에서는 요즘 SNS 영업에 절반 이상 집중한다는 말을 들었어요. 우리 회사에도 가능한 건지 김 대리가 한번 검토해볼래요?"

주도성을 갖도록 하는 일은 구성원의 창의성을 담보하는 기초가 되기도 한다. 이런 코칭 대화가 반드시 필요한 이유다. 일반 대화의 여덟 번째 특징은 '왜'를 강조한다는 것이다.

"왜 그래? 왜 이렇게 늦게 일어나? 왜 이렇게 공부를 안 해?"

부모들이 많이 하는 질문이다. '왜'라는 말을 쓰면 궁금해서 묻는 것 같지만 마치 추궁당하는 느낌이 든다. 그러다 보니 듣는 사람 입장에서는 기분이 상하기 마련이다. 반면 코칭 대화에서는 같은 상황에서 '왜' 대신 '어떻게'를 사용한다. "내가 어떻게 도와줄까? 우리가 어떻게 할까?"라는 식으로 표현하면 상대방은 판단을 덜 받는 듯한 느낌을 받는다. 왜라고 하는 대화를 잠시 멈추고 '어떻게' 대화를 시작해보자.

"아들, 게임을 중간에 끊기가 힘든 것 같은데, 엄마가 어떻게 도와줄까?"
"김 대리, 성과에 대한 부담이 클 텐데, 우리 팀원들이 어떻게 도와주면 좋겠는지 이야기해볼래요?"

일반 대화의 아홉 번째 특징은 상대방의 약점을 지적하는 것이다. 누구나 잘못된 점을 지적받으면 알면서도 썩 기분이 좋지 않다. 그래도 약점을 알아야 발전할 수 있다고 믿는 부모나 상사가 참 많다. 그래서 앞서 이야기한 것처럼 좋은 말로 훈계한다며 던지는 말, "너를 위해 하는 이야기니까 기분 나쁘게 생각하지 말고 들어"도 듣는 즉시 기분이 나빠지는 게 인지상정이다. 따라서 코칭 대화에서는 약점보다 강점을 먼저 인정해주면서 상대방이 약점을 보완할 수 있도록 돕는다.

> "지난번 수학 점수가 아주 좋았잖아. 다음엔 영어 성적을 조
> 금만 올리고, 평소대로 수학 점수만 90점 나와도 성적이 올
> 라갈 것 같은데."

자꾸 약점만을 지적받다 보면 본인도 자신의 강점을 전혀
인식하지 못하게 된다. 그러면 전체 성장에 긍정적인 요소로
전혀 작용하지 못하게 되는 것이 문제다.

일반 대화의 마지막 특징은 상대방의 실수를 질책하는 기회
로 삼는다는 것이다. 이런 일이 반복되면 당하는 사람은 사소
한 실수에도 움츠러들어 자신의 능력을 제대로 발휘하지 못한
다. 반면 코칭 대화에서는 상대방이 실수를 성장의 기회로 삼
을 수 있도록 한다.

내가 미국에서 상담 훈련을 받을 때 교수님은 코칭 대화에
능숙한 분이었다. 스스로 내 임상의 강점을 생각해보면 떠오르
는 게 없고 부족한 점과 한계점만 가득한데, 그분은 항상 나의
'성장점(growing edge)'이 무엇인지 물어보았다. 처음에는 무슨 뜻
인지 이해하기도 힘들었다. 아직 전문가로 수련 중이니 약점이
나 한계점에 크게 절망할 필요가 없다는 뜻이었다. 결국 모두

나의 성장할 영역을 적절하게 알려주는 지시점이기 때문이다.

교수님 말씀을 제대로 이해하고 난 이후에 내게 놀라운 변화가 감지되었다. 내 강점은 물론 약점도 나의 성장에 도움이 된다는 인식이 생긴 것이다. 영어가 모국어가 아니라는 걸 늘 약점으로 느꼈던 나는 어느 날, 오히려 그렇기 때문에 영어를 사용하는 내담자와의 대화에 더욱 집중하게 된다는 점을 발견하기도 했다.

당시의 내가 성장하는 중이었듯, 리더를 따라가는 사람들 역시 여전히 발현되지 않은 잠재력을 가진 채 앞으로 나아가는 중이다. 그들이 자신의 능력을 높이고 날개를 활짝 펼 수 있도록 대화한다면 비참하게 평가받는 느낌에서 벗어나 변화를 위한 자신만의 가능성을 발견할 것이다.

'왜' 대신
'어떻게'로
대화하라

비즈니스 현장에서 일반 대화와 코칭 대화를 사용한 사례를 구체적으로 살펴보자. 이부장과 김과장의 대화다.

"김과장, 요즘 왜 그렇게 지각이 잦아? 이번 달에만 벌써 몇 번째야? 정시에 제대로 출근한 적이 거의 없는 것 같아."

"죄송합니다. 지난주부터 집에 자꾸 급한 일이 생겨서요. 제가 매번 그러는 건 아니고, 오늘도 일부러 늦은 건 아닙니다."

"누가 일부러 늦게 왔다고 했어? 왜 자꾸 변명을 하는지 이해가 안 돼. 어디 한두 번이어야 못 본 체를 하지. 무슨 직장에 놀러 다니는 것 같아요. 김 과장처럼 집안일부터 챙기고 회사 다니려면 직원들 모두 지각해야겠네? 그래, 안 그래?

왜 말만 하면 변명부터 해요?"

"죄송합니다. 앞으로는 이런 일 절대 없도록 하겠습니다."

부장은 첫 문장에서부터 '왜'라는 단어를 사용해 공격적으로 질문한다. 과장 역시 심기가 거슬린 듯한 느낌으로 대답한다. 이런 식의 대화가 반복된다면 둘 다 기분이 좋을 리 없다. 부장은 이미 상당히 화가 나 있고, 과장을 한심하게 바라보고 있다. 제대로 이유도 말하지 못한 채 변명하는 과장도 더 이상 대화를 이어가고 싶지 않을 것이다. '나와 너(du)'의 관계를 유지할 수 있는 대화가 아니라, 자신은 그저 평가절하의 대상(es)으로 전락하는 기분일 수밖에 없다.

이 대화에는 앞서 살펴본 일반 대화의 특징이 많이 담겨 있다. 부장은 끊임없이 판단과 평가를 하고, 전부 알고 있는 척하며, '왜'를 강조한다. 마지막 특징인 상대의 실수를 질책하는 기회로 삼는 것까지 고스란히 담겨 있다.

그렇다면 코칭 대화는 어떻게 해볼 수 있을까? 과장은 이전에도 이미 몇 차례 지각했을 가능성이 있다. 부장이 화가 난 이유도 과거의 행동에 기반하고 있다. 따라서 이미 머릿속에서 '김 과장은 안 돼'라는 부정 평가를 이미 마쳤을 것이다. 앞서 배운 바와 같이 에포케 대화의 첫 번째 규칙은 '괄호 치기'다.

부장은 이미 과장을 지각하는 행위, 즉 '그것'으로 평가하고 있다. 이때는 과거의 경험을 잠시라도 괄호로 묶어두어야 나와 너의 관계가 가능해진다.

자, 에포케에 기반한 다음 대화를 살펴보자.

"김과장, 이번 주에 그저께부터 오늘까지 계속 지각한 것 같은데 아침에 시간 맞춰 출근하는 데 어려움이 있나 봐? 무슨 일이 있는지, 혹시 내가 도울 수 있는지 얘기해줄래요?"

"사실은 지난주부터 집에 자꾸 급한 일이 생겨서요. 큰아이가 치과에서 발치 수술을 했는데, 곪았는지 계속 붓고 아프다고 잠을 못 자는 바람에 밤새 찜질을 해주느라…."

"그랬어? 많이 놀랐겠네. 이번 주 내내 아들 때문에 걱정이 많았겠군. 다음 주도 아들 때문에 신경이 쓰이면 어떡하지? 영업 업무도 늘어나서 스트레스 많이 받을 텐데, 어떻게 도와주면 좋을까?"

"아닙니다. 제가 집안일 때문에 업무에 신경을 못 썼습니다. 이제 이런 일 없도록 주의하겠습니다."

첫 문장부터 이전 대화와 달라졌다. 부장은 '왜'냐고 추궁하는 대신 '무엇'과 '어떻게'를 사용해 상황을 파악하고 있다. 과장도 그에 대한 답변으로 그간의 자초지종을 자세히 설명했다. 부장은 과장의 대답을 듣고 가장 먼저 감정을 존중해주면서 마지막으로 어떻게 도와주면 좋을지 물음으로써 상대방의 상황을 감정적으로 이해하려고 노력했다. 앞으로 과장은 자신을 정서적으로 지지해준 부장에게 고마운 마음을 가지고 업무의 실행력을 훨씬 더 높일 것이다. 훈계성 지적을 받을까봐 억지로 하는 게 아니고, 자발적으로 말이다. 이것이 바로 코칭 대화의 힘이다.

물론 일반 대화에서 코칭 대화로 넘어오는 것이 결코 쉬운 일은 아니다. 우리는 무의식중에 상대방이나 누군가를 잘 안다는 듯 판단하는 말을 많이 하고 살아왔다. '왜'에 기반한 판단이 내포된 질문으로는 문제점을 정확히 파악할 수 없다. 상대방이 상황을 설명하려고 해도, 이미 감정이 상해 듣지 않는 경우도 부지기수라서 상호 공감은 처음부터 불가능하다.

판단이 빨리 진행되는 대화에는 몇 가지 특징이 있다. 첫 번째는 '왜'로 시작해 추궁하는 의문형 문장이다. 부장의 질문에서 "왜 이렇게 지각이 잦아?"라는 문장이 바로 그것이다. 두 번째는 과장과 인지왜곡이 포함된 말이다. "김 과장은 제대로 출근한 적이 거의 없는 것 같아"라고 말하거나 아이에게 "왜 너는 스스로 공부한 적이 단 한 번도 없냐. 한 달 내내 시험공부 하나도 안 하고"라는 식으로 실제보다 부풀려서 말하는 방식이다. 세 번째는 '나와 그것'의 관계로 대화를 한다는 점이다. 과거 경험에서 유래한 상대방의 왜곡된 이미지를 전제로 대화하다 보니 있는 그대로의 상대방을 보지 못한다. 자꾸 지각하는 과장, 스스로 공부하지 않는 아들의 이미지를 잠시 괄호로 묶어놓고 새롭게 대화하지 않으면 자꾸만 서로의 마음만 불편하게 하는 대화, 결국 변화를 일으키지 않는 대화를 이어갈 수밖에 없게 된다.

행동을
존재로
바라보지
않도록

조직의 리더는 왜 그것, 즉 왜곡된 과거의 이미지에만 집착하는 것일까? 자꾸만 상대방의 문제 행동(doing)을 보고 그것을 상대방의 존재(being)와 곧바로 연결해서 판단해버리기 때문이다. 순식간에 '너'가 '그것'으로 대체되는 순간이다. 그러면 자주 지각하는 행동의 문제를 상대방 존재 자체로 인식해 '한심하게 지각이나 하면서 직장에 놀러 다니는 인간'이라는 말도 안 되는 결론을 내리게 된다.

　부모들도 마찬가지다. 자녀의 문제 행동을 보면서 자녀의 존재를 부정하는 말을 많이 한다. "앞으로 엄마라고 부르지 마. 너를 낳고 미역국을 먹은 게 억울하다. 너 같은 애는 아무도 좋아하지 않을 거야" 같은 막말을 서슴없이 내뱉는 부모도 있다.

잘못된 행동은 지적할 수 있지만, 존재는 존중하고 믿어줘야 한다는 사실을 항상 명심해야 한다.

내 딸은 나의 유학 시절 미국에서 태어나 미국에서 유치원을 다녔다. 아이가 유치원에 들어간 지 얼마 되지 않았을 때 아내가 아이 가방에서 도시락을 꺼내다가 예쁜 필기도구를 하나 발견했다. 아이에게 무엇인지 묻자 친구가 줬다고 해서 아내는 아이 말을 믿고 그냥 넘어갔다.

그런데 다음 날, 선생님에게 편지 한 통을 받았다. 딸이 친구의 필기도구를 하나 가져간 것 같은데, 부모님 중 한 분이 아이 모르게 가져다주면 선생님이 발견한 것처럼 친구에게 전달하겠다는 내용이었다. 아내는 이 편지를 받고 어떻게 했을까?

지금 아이에게는 두 가지 죄가 있다. 친구의 물건을 훔친 잘못, 엄마에게 딱 잡아떼고 거짓말한 잘못. 아내는 나에게 당신이 그동안 아이를 보살피면서 공감 대화를 해왔으니 잘 해결해보라고 아이와 나를 같이 선생님에게 보냈다.

나는 유치원에 들어가기 전에 길거리 벤치에 앉아 아이와 잠시 대화를 나눴다. 당시 딸은 핑크색만 보면 사족을 못 쓸 정도로 좋아했다. 그래서 친구의 분홍색 필기구를 보고 혹해 손을 댄 것임이 분명했다. 나는 아이에게 남의 물건에 손대는 것은 잘못이고, 엄마에게 솔직하게 말하지 않은 것도 잘못이라고 이야기했다. 아이의 행동에 대해서만 명확하게 지적하면서 한 마디를 더 덧붙였다.

"그런데 너는 남의 물건에 손대는 그런 아이가 아니야. 아빠는 그렇게 믿어. 너는 절대로 나쁜 사람이 아니야. 이번에는 실수한 거니까 선생님에게 가서 솔직하게 말씀드려. 핑크색이 너무 좋아서 나도 모르게 훔쳤다고, 잘못했다고 말하면 돼. 알았지? 아빠가 옆에 있을게."

그러고 나서 함께 유치원에 들어가자 선생님이 깜짝 놀랐다. 아이 모르게 오라고 했는데 아이를 데려왔으니 당황한 표정이 역력했다. 아이는 선생님 앞에서 울먹울먹하면서 자신의 잘못을 이야기했다. 그러자 선생님은 아이를 껴안고 다 안다고, 너는 좋은 아이라며 함께 울어주었다.

나에게는 이 상황이 지금도 잊히지 않고 너무나 감동적인 장면으로 남아 있다. 선생님은 내 아이의 행동과 존재를 그야말로 철저하게 분리해서 말하고 있었다. 우리는 어린 시절의 사소한 잘못 하나로 부모나 선생님에게 존재 자체가 지워지는 경험을 너무도 많이 하면서 자랐다. 나의 인격이 무너지고 회복할 수 없는 상처도 많이 받았다. 그러다 보면 결국 대화는 늘 에포케 없이 끝나버리고 만다.

지난 수년 동안 여러 대기업에서 소위 갑질을 하는 리더들의 행태가 언론에 소개되면서 논란을 일으켰다. 막말은 기본이고 물건을 던지거나 따귀를 때리는 등의 행동도 서슴지 않는다. 물론 이는 명백한 범죄 행위다. 이들은 모두 상대방의 행동에 갑작스럽게 마음이 요동치기 시작한다. 운전하는 이가 운전을 거칠게 할 수도 있고, 부하직원의 태도가 불손하게 보일 수도 있다.

갑질하는 리더들은 공통점이 있다. 모두 다 빛의 속도로 상대방을 판단한다. 이때 판단은 주로 상대방 존재 자체에 대한 부정적인 판단이다. "네가 그러니까 평생 운전이나 하고 있는 거야!" 혹은 "너는 그냥 내가 시키는 대로 하면 돼! 어디 건방지게 나대고 있어. 네가 팀장이야?"라고 말한다. 놀랍게도 이렇게 갑질하는 리더의 존재감은 그리 높지 않다. 이들 역시 어린 시절 그것으로 대접받았던 상처를 숨기고 사는 경우가 많은 것 같다. 나와 너의 관계가 부족한 리더일수록 상대방에게 '나와 그것'의 경험을 투사하는 경우가 많다.

정신분석학에서는 이를 '투사적 동일시(projective identification)'라고 설명하기도 한다. 겉으로는 직급이나 역할이 리더의 모습을 하고 있지만, 마음속 깊이 그것으로 살아온 상처 경험이 숨어 있다. 가끔 부하 직원의 당당한 눈빛이나 고분고분하지 않은 태도로 인해 리더는 자신의 존재가 다시금 그것으로 전락하는 모멸감을 직감한다. 마음속엔 분명 이런 마음이 있을 수 있다.

'이게 어디다 대고?! 내가 누군지 알아? 날 지금 무시하는 거야?'

이럴 때 리더는 자신의 '나와 그것'의 경험을 상대방도 그대로 느끼도록 상대방을 그것으로 전락시키는 거친 공격을 퍼붓는다. 결국 자신이 가진 존재의 모멸감을 상대방도 똑같이 느끼도록 만들면서 자신의 마음속 나쁜 경험에서 빠져나오려고 하는 것이다. 이런 심리적 이유와는 별개로 갑질의 피해자가 입는 상처는 한없이 크다.

언론에 노출되는 폭력적인 갑질 리더만 손가락질하지 말자. 꼭 신체에 위해를 가하는 폭력적인 행동을 할 때만 상처를 주지 않는다. 앞서 다룬 것처럼 존재에 대한 언어폭력은 신체폭력보다 한층 더 한 충격을 안길 수 있다. 우리도 이런 크고 작은 막말로 직장 동료들과 대화하고 있는지도 모른다. 팀장과 팀원을 코칭하는 일을 하다 보면, 은근한 막말로 상대방의 존재에 상처를 주는 일이 허다하다는 걸 알게 된다. 코칭을 하면서 자신의 존재가 한없이 낮아지는 말은 어떤 말이냐고 물으면 답변은 참 다양하기도 하다.

"김 대리, 이런 건 그냥 상식 아닌가. 어떻게 그렇게 기본이 없지?"

"박 주임은 우리 팀에서 무임승차하고 있는 거 알고 있지? 그럼 다른 팀원들에게 늘 고마워하는 태도로 살아야 해."

"난 이 과장에게 별로 기대 안 해요. 그냥 사고만 치지 마! 나도 이 과장 신경 안 쓰고 살고 싶어서 그래."

모든 리더는 한결같이 자신도 상대방이 일만 잘하면 말을 곱게 하고 싶다고 말한다. 자신이 막말에 가까운 거친 언사를 하는 건 모두 상대방에게 원인이 있다고 믿는 듯하다. 하지만 악순환은 계속될 것이고, 어쩌면 언론에 나올 만한 실수가 터져 나올 수도 있다. 정말 상대방에게 작은 변화라도 일으키고 싶다면 잠시라도 행동과 존재를 구분하는 에포케를 연습해야 한다. 조직의 리더가 에포케 없이 판단만 앞서는 대화를 반복하면 지금, 이 자리에서 일어나는 일을 있는 그대로 말하는 데 즉시 장애가 생기기 때문이다.

과거에 머물러 현재의 대화를 할 수 없고, 상대방에게 어떤 문제가 있는지 스스로 주도적으로 파악하는 데 실패한다. 상대방 역시 대화에서 방어적인 상태가 되고, 변명과 같은 말만 늘어놓을 수밖에 없다. 때로는 상대방이 맞대응하면서 분노를 폭발시킬 수도 있다. 결국 자신의 존재가 나와 너로 존중받지 못한 것에 대한 자연스러운 반응이다.

당신은 지금 일반 대화로 말하고 있는가, 에포케 대화로 말하고 있는가? 아주 작은 조직을 이끌고 있더라도 지금 내가 어떤 방식으로 대화하는지 한번 살펴보자. 상대방의 자존감을 높이고 능력을 끌어올리는 기술은 사소한 단어 하나에서부터 시작될 수 있다. 오늘부터 시작해보자. 과거에 갇히지 말고 지금 여기에서 상대방을 나와 너로 바라보며 대화하는 리더가 되어보자.

상대방이 스스로
답을 찾을 공간을 주자

.6.

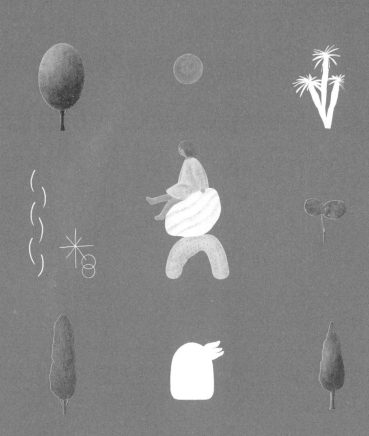

나의 아흔아홉 잘못을 전부 알고도 한 점
나의 가능성을 그 잘못 위에 놓으시는 이
가 나를 가장 사랑하는 이일 테지요. 그이
가 당신입니다.

판단이 아니라
학습하는 마음으로
대화하라

조직을 운영하다 보면 크고 작은 문제가 끊임없이 터지기 마련이다. 이때 구성원의 의견을 모아 효율적으로 해결하는 사람이라면 좋은 리더라고 볼 수 있다. 그렇다면 여러분은 문제가 발생했을 때 무엇에 먼저 집중하려고 하는가? 이미 벌어진 문제 자체를 바라보느냐 아니면 사후 해결에 집중하느냐의 사소한 차이는 장기적인 관점에서 조직 성장에 큰 영향을 미친다.

먼저 문제와 해결 각각에 집중하는 리더의 특징을 살펴보자. 앞장에서 살펴본 바대로 문제 중심(problem-focused)으로 상황을 바라보면 '왜'에 집착한다. 왜 이런 문제가 발생했는지, 왜 일을 이렇게 처리했는지 추궁하듯 파헤치게 된다. 반면 해결 탐색(solution-seeking)에 집중하는 리더는 '어떻게'나 '무엇'을 사용해 해결책을 찾아나간다. 이 문제를 어떻게 해결할 것인지, 무엇으로 상황을 타개할지 발전적인 질문을 던진다.

리더가 '왜'라는 질문을 무조건 피해야 한다는 말은 아니다. '왜'로 시작하는 질문은 누가 뭐래도 인문학과 철학의 가장 근본적인 질문이다. 당연하게 받아들이는 인간 존재에 관한 질문, '우리는 왜 사는가?'가 대표적이다. 가장 과학적인 질문도 '왜'에서 출발한다. '왜 사과는 아래 방향으로 낙하하는 것일까?'처럼 말이다. 문제는 조직에서 상대방의 문제를 바라보고 던지는 '왜'라는 질문은 이런 철학적인 의구심과 과학적인 탐구심과는 전혀 다른 질문으로 돌변한다는 데 있다. 그저 판단하고 평가하는 질문이 되어버리는 것이다.

조직의 구성원들이 경험하는 문제는 '어떻게'나 '무엇'을 통해서도 충분히 그 원인을 탐색할 수 있다. '왜'라는 추궁 질문으로 상대방에게 책임을 온통 전가하느냐, 미래 지향적으로 질문의 포장지를 바꾸어 건강하게 해결책을 모색하는지는 리더가 스스로 정하면 된다. 리더는 굳이 '왜'라고 상대방에게 물어보지 않아도 문제의 원인을 스스로 파악하게 하고 해결을 모색할 수 있다는 믿음을 갖는 것이 중요하다.

자꾸만 문제 행동에만 집중하게 되는 조직 내의 리더나 가정의 부모가 착각하는 게 또 하나 있다. 상대방의 문제가 1차원

적이라고 생각하는 것이다. 앞장에서 살펴본 코칭 대화의 원리 중 '리더는 알아도 모르는 척해야 한다'는 말이 있었다. 리더는 문제를 입체적으로 다 알 수도 없을뿐더러 설령 알더라도 즉시 답을 주어서는 안 된다.

단기 질문중심 치료(short-term question-centered therapy)를 개발한 마릴린 골드버그(Marilee C. Goldberg)는 자신의 책 『The Art of the Question(질문의 기술)』에서 질문과 자기 인식의 차원을 새로운 시각으로 다룬다.[4] 그는 우리 안에 두 가지 자기 인식이 존재한다고 보았다. 하나는 '판단자 자기(judger self)'다. 이것은 상황과 문제를 자꾸만 판단하려는 자아다. 리더, 부모, 선생으로 살면 이런 자아가 비대해지게 된다. 다른 자아는 '학습자 자기(learner self)'다. 이것은 무언가를 궁금해하고 알아가는 자아다. 누구나 지도자가 되는 순간 학습자 자기는 점점 줄고 판단자 자기가 커지게 마련이다.

판단자 자기는 기본적인 마인드셋이 '이미 다 알고 있다(knows-it-already)'로 설정되어 있다. 상대방이 무슨 말을 하든 나는 이미 알기 때문에 더 들을 필요가 없다고 판단해 말을 끊고 자신이 생각한 답을 알려준다. 상대방에게 맞는 답이 아닐 수도 있지만, 우기는 태도로 자신의 의견을 무리하게 관철하려고 한다.

반면 학습자 자기는 기본적인 마인드셋이 '초보자의 마음 자세(beginner's mind-set)'다. 아무리 어떤 분야의 전문가라도, 오랫동안 한 가지 일에만 종사했더라도 마치 초보자인 것처럼 임해야 한다는 것이다. 이는 에포케, 판단중지의 기술을 쓰지 않으면 실천하기가 몹시 어렵다. 판단자 자기가 높은 리더라면 판단중지라는 관문을 통과해 학습자 자기로 마인드셋을 바꾸어야 한다.

아무리 한 분야에 수십 년을 종사하더라도 자신의 경험과 해답을 잠시 괄호 안에 묶어놓는 연습이 필수적이다. 나는 특정 심리치료 방법을 창시하고 평생을 바쳐온 해외 석학의 인터뷰를 가끔 볼 때가 있다. 또한 내가 평소 관심 있는 트라우마 심리치료에 매진해온 연구자들의 글을 보기도 하는데 묘한 공통점이 있다. '임상현장에서 적용해보면 나는 아직도 멀었다', '나는 아직도 트라우마의 실체를 잘 알지 못한다' 등의 내용이 있다는 것이다. 나는 이런 태도를 그저 대가들의 겸양지덕이라고 보지 않는다.

이는 분명히 그동안 자신의 경험과 해답을 유일한 정답이라고 여기지 않고 계속 탐구하려는 '초보자의 마음 자세'가 아닐까. 우리도 이런 태도를 연습해보자. 에포케를 통해 초심자의 마음 자세를 견지하면 과거 위주(past-oriented)가 아니라 미래를 직시하는(future-facing) 방향으로 질문할 수 있게 된다. 과거의 경험은 괄호에 묶고 '왜' 대신에 '어떻게'를 자연스럽게 사용할 수 있다.

조직에서 이와 같은 에포케 코칭 질문을 효과적으로 사용하는 원칙을 3가지로 요약해본다. 첫째, 상대방의 문제로 약점을 들추기보다 강점과 가능성을 탐색하는 질문을 한다. 둘째, 상대방에게 동기를 부여하고 함께 미래를 위한 구체적인 목표를 세우도록 돕는 질문을 한다. 셋째, 상대방이 주도적으로 이행 의지가 생기도록 돕는 질문을 한다. 이 3가지 원칙만 지키면 완벽한 에포케 코칭 질문이 완성된다.

오늘 직장에서, 가정에서 대화 방식을 한번 바꿔보자. 자녀나 부하직원과의 대화에서 '왜'를 얼마나 썼는지, 내가 얼마나 초보자의 마음으로 상대방을 대했는지 떠올려보자. 아직 '어떻게'와 '무엇'을 쓰는 게 익숙하지 않다면 매일 몇 마디씩 사용하면 된다. 오늘부터 "어떻게 하면 좋을까? 어떤 아이디어를 내볼 수 있을까? 엄마가 무엇을 도울 수 있을까?"와 같은 해결 중심의 질문으로 언어 습관을 조금씩 바꾸어보면 어떨까?

답정너
태도가
창의력을
해친다

종종 기업 채용 담당자를 만나 대화할 때가 있는데, 그들이 공통적으로 하는 이야기가 하나 있다. 신입 직원 연수에서 창의성이 돋보이고 눈에 띄는 직원이 있어서 속으로 '야, 번뜩이는 인재가 한 명 입사했네. 나중에 큰일하겠다'라고 생각했는데, 1년쯤 지나고 보면 눈에 띄지도 않을 정도로 평범해지더라는 것이다. 입사할 때의 생기발랄함은 이미 오래전에 사라졌다.

우리나라의 기업문화는 개개인의 개성을 용납하지 않는다. 조직에 적응하기 위해서는 튀면 오히려 욕을 먹고 모난 돌이 정 맞기 쉽다는 생각으로 평범하게 사는 길을 택해야 한다. 미래의 주역인 MZ세대들마저 그저 '평타나 치면서 살자'는 태도로 일한다면 너무도 안타까운 일이다. 회사 차원에서도 안타까운 일이지만 사회 전반적으로 이런 문화가 팽배해지면서 창의성을 살려 새로운 일을 혁신적으로 시도하는 게 점점 어렵게 될 수 있기 때문이다.

이러한 조직문화를 타파하기 위해 다양한 연구기관에서 쇄신을 위한 연구를 다각도로 진행하고 있다. 그중 OCAI(Organizational Culture Assessment Instrument)라는 조직문화 평가도구를 만든 곳이 있다. 이 평가방식을 보면 조직문화를 다음과 같이 4가지로 나눈다. 당신이 속한 조직은 어느 쪽에 가까운지 한번 생각해보자.

친족(clan) 문화	혁신(adhocracy) 문화
계급(hierarchy)문화	시장(market)문화

첫 번째는 친족(clan) 문화다. 가족 같은 분위기의 조직으로 구성원 간의 관계가 좋다는 의미도 있지만, 대체로 가족기업이나 자영업 등 소규모로 시작하는 경우가 여기에 해당된다. 원리원칙보다 정으로 움직이고 규율도 느슨하다. 친족 문화가 지배적인 조직에서는 철저한 윤리의식을 요구하기 어려운 위험이 도사리고 있다. 때때로 관례대로 한다는 말이 가장 설득력

을 가진다. 원칙을 이야기하면, 작은 문제는 그냥 양해하고 덮자는 태도로 임하게 된다. 조직의 초기 성장에는 친족 문화가 친밀감 형성과 팀워크 결성에 도움이 되지만 대외 경쟁력과 투명성을 갖추는 데는 분명한 한계를 지니게 된다.

두 번째는 계급(hierarchy) 문화로, 직급이 명확하고 상하관계가 확실한 것이 특징이다. 계급 문화를 지닌 조직으로는 군대나 검찰 등의 조직을 제일 먼저 떠올릴 수 있다. 분명한 위계질서가 있는 만큼 의사결정 과정이 간결하고, 행동명령의 이행 속도나 결과 반영 속도가 매우 빠르다. 그래서 신속한 결과를 내기에는 매우 유리한 조직 구조다. 계급 문화 역시 내부 비리나 윤리적 모순을 지적하고 시정하기에는 폐쇄적인 측면이 다분히 있다.

친족 문화가 정으로 과오를 덮기 쉽다면, 계급 문화에서는 위계로 잘못을 은폐하는 경우가 허다하다. 의료기관이나 기업도 이런 계급 문화의 영향권 내에 있다. 최근 미래 기업이 가야 할 길로 ESG 경영을 자주 논한다. 기업의 비재무적인 요소인 친환경(environment), 사회적 책임(social) 경영에 이어서 지배구조(governance) 개선을 중요한 지속가능한 기업의 성장 동력으로 꼽는 것은 다름 아닌 친족 문화뿐 아니라 계급 문화를 넘어선 투명 경영을 요청하는 시대정신을 반영하는 것이라 볼 수 있다.

세 번째는 시장(market) 문화다. 서로 경쟁하면서 성과를 만들어내야 하는 조직이 여기에 포함된다. 수익을 창출해야 하는 모든 조직이 이러한 시장 문화의 영향권 내에 있다. 시장 문화에서는 조직과 조직이 경쟁할 뿐 아니라, 조직 내 세부 조직도 서로 경쟁해야만 하는 구조로 변하기 쉽다.

나는 종합 대학에 근무하는 고등교육기관 종사자로서 국내 모든 대학도 오랜 기간 이러한 시장 문화에 적응하면서 스스로 조직 내 시장문화를 이식하는 과정을 목도해왔다. 교육부나 외부 평가를 위해서는 경쟁 대학과 무한 경쟁해야 하는 구조다. 취업률과 경쟁률을 높이지 못하면 학과의 존속도 보장받지 못한다. 학과 통폐합의 아픔을 겪는 경우도 허다하다. 학생 수는 갈수록 줄어드는데 전국에 대학들이 과잉 공급되어 머지않아 많은 대학이 폐교될 위험에 처해 있다. 혹자는 21세기 신자유주의 경제 체제 내에서는 모든 조직이 시장 문화에 지배하에 있다고 진단하기도 한다.

마지막으로는 혁신(adhocracy)문화다. 21세기 시장 문화에 지대한 영향을 받는 기업들이 가장 자주 언급하는 경영의 방향이 바로 혁신이다. 앞서 언급한 비재무적인 요소뿐 아니라, 기업이 글로벌 무한경쟁에 살아남기 위해서 스스로 구축하기 원하는 문화가 바로 혁신 문화다. '혁신 기업'이라는 브랜드는 성공한 기업의 대명사처럼 사용된다. 대학도 마찬가지다. 대학 혁신 혹은 교육 혁신이 국내 대학 총장들의 단골 공약이 된 지 오래다. 그런데 조직 내 이런 혁신이 구체적으로 어떻게 가능한지는 감이 잘 오지 않을 때가 많다. 혁신은 마치 구호나 거대 담론처럼 느껴지고, 먼 훗날 이루어질 장대한 목표처럼 여겨진다.

이 혁신문화를 조금 더 구체적으로 살펴보자. 혁신문화를 가진 조직에서는 변화에 창의적으로 대처할 수 있는 자원을 많이 갖고 있다. 창의성은 혁신 기업의 성장 동력이다. 21세기 세계의 모든 교육기관에서 가장 중요한 교육의 목적으로 내세우는 것 역시 창의성이다. 일반적으로 큰 조직일수록 변화에 대응하기가 어렵고, 조직원의 창의성을 존중하기는 더더욱 어렵다. 특히 코로나19처럼 얘기치 못한 상황이 발생했을 때 기민하게 대처하느냐 그렇지 못하느냐는 조직의 생존을 가르는 문제가 될 수도 있다. 따라서 모든 조직이 한 치 앞도 내다볼 수 없는 미래 사회에 창의성을 동력으로 삼는 혁신문화를 정착시키는 것이 앞으로 점점 더 중요해진다.

그렇다면 어떻게 이 혁신문화를 우리가 속한 조직의 일상에 정착시킬 수 있을까? 대부분의 조직에서 정답 카드는 리더가 들고 있다. 새로운 일을 시작하거나 문제를 해결할 때, 윗선에서 정한 규칙과 기준에 따라 아랫사람에게 지시를 내리는 게 보편적이다. 전체 구성원의 의견을 모두 듣고 의사결정에 반영하는 조직은 그리 많지 않다. 이런 일이 반복되다 보면 조직원의 창의성은 시들어가기 마련이다. 다시 말해 주도권을 아래로 내리지 않으면 조직문화는 절대로 바뀌지 않는다.

여기에서 창의성 실험 하나를 소개해보려고 한다. 그룹을 두 개로 나눠 한쪽에는 확정형 과제를 내주고 다른 쪽에는 조건형 과제를 내준다. 확정형 과제란 공식 하나만 주면서 문제를 풀도록 하는 것이고, 조건형 과제란 주어지는 공식은 여러 관점 중에 하나일 뿐이며 문제 해결을 위해 추가로 다른 방법을 써도 된다고 말하는 것이다. 그렇다면 결과는 어떻게 나왔을까? 조건형 과제의 지시사항이 제공된 그룹의 학습자들이 월등하게 높은 성적을 거두었다.

구체적인 예를 들어보자. 하버드대학의 사회심리학자 엘렌 랭어(Ellen J. Langer) 교수는 『마음챙김 학습의 힘』에서 다음과 같은 실험을 진행했다.[5] 경험이나 교육 수준이 유사한 고등학생을 대상으로 물리교육을 받도록 했다. 수업은 비디오 동영상으로 미리 제작했는데, 물리학의 기본적인 개념이나 그 개념을 적용할 수 있도록 짧은 설문으로 구성했다. 그렇지만 안내문에 '비디오는 물리학에 관한 몇 가지 관점 중 하나에 대한 내용인데, 설문지 작성에 도움이 될 수도 있고, 그렇지 않을 수도 있습니다. 당신은 이 문제들을 해결하는 데 있어 당신이 원하는 추가적인 방법을 사용해도 됩니다'라는 문구를 추가했다. 앞서 언급한 확정형 과제라기보다는 조건형 과제로 학생들에게 대안을 허용하는 방식이다.

실험에 참여한 나머지 절반의 학생들에게는 똑같은 교육 동영상을 제시했지만, 조건형 과제의 지시사항, 즉 '물리학에 관한 몇 가지 관점 중 하나'라는 내용과 '추가적인 방법' 사용을 허용한다는 내용을 의도적으로 삭제했다. 결과는 어떻게 되었을까? 물리적 공식에 대한 단순 테스트에는 두 비교집단이 큰 차이가 없었다. 하지만 주어진 정보 내용 파악을 넘어 추론 과정이 필요한 설문 내용에서는 판이한 결과가 나왔다. 소위 창의성을 발휘하여 문제를 해결해야 할 경우 결과는 전혀 달랐던 것이다.

대안 허용에 대한 지시사항이 빠진 그룹에 속한 학생들은 예전에 배운 지식이나 경험을 사용해서는 안 된다는 언급이 없었음에도 전혀 문제해결 과정 중 창의성을 발휘하지 못했다. 결국 랭어 교수는 조건적으로 교육을 받은 학생들만이 과제를 창의적인 방법으로 풀어갈 수 있다는 결론을 제시한다.

랭어 교수는 미국 문화에 잠재된 성별 차이에 대한 암묵적인 가치관이 여성의 창의성을 가로막고 있다는 주장도 제기한다. 즉, 미국 문화는 전통적으로 어린 소녀에게 '착한 소녀(good little girls)'가 되도록 암암리에 교육해왔다는 것이다. 이 말은 어른들이 '시키는 대로 순종해라'라는 확정형 해결방식을 강요했던 셈이다. 반대로 남아에게는 '진짜 사나이(real boy)'가 되기 위해서는 권위에 무조건 의존하지 말도록 어느 정도 반항심을 허용하는 측면이 있었다고 진단했다.

랭어 교수는 비근한 예로 미국의 여자아이들이 어릴 때는 남학생들보다 수학 점수가 훨씬 높은 반면, 고등학교나 대학교에 가면 일반적으로 반대 현상이 나타나는 것을 이렇게 설명한다. 여학생들은 초창기 배웠던 산수에서 고등수학으로 넘어가면서 창의적인 풀이 방법에 대한 열린 사고를 하기가 점점 어려워진다는 것이다. 이는 어릴 때부터 여학생들에게 대안 허용을 가로막아온 미국 문화의 영향이라고 보고, 성적 역할을 고정하는 미국 문화에 대한 비판을 제기하기도 했다.

현대 지능이론을 비판하면서 아이큐와 창의력은 비례하지 않는다는 연구가 대거 소개되고 있다. 인간의 정신 능력이란 급변하는 외부환경에 적절히 반응하고 적응하면서 다양한 문제에 대한 해결 능력을 갖도록 하는 것이므로, 이젠 인텔리전스(in-telligence)라는 용어보다 엑스텔리전스(ex-telligence)라는 신조어가 필요한 시대라는 말이 나온다. 즉, 이제는 누구나 세상의 여러 단편적인 지식들을 연결하고 통합하여 창의적으로 문제를 해결하는 능력이 필요하다는 말이다. 창의성이란 무에서 유를 창조하는 신적인 능력이기보다는 기존의 여러 가설과 이론들을 연결하고 문제해결에 활용할 수 있는 대안을 만드는 능력이다.

각종 연구에서도 아이큐가 높다고 해서 꼭 창의력이 높지는 않은 것으로 나타났다. 이 차이를 어떻게 설명할 수 있을까? 한 가지 가설은 부모가 아이를 어떻게 대하느냐에 따라 그런 차이가 발생할 수 있다는 점이다. 앞선 사례를 사용해 확정형 부모와 조건형 부모로 나눠서 살펴보자. 확정형 부모는 단 하나의 답만 강조하는 반면 조건형 부모는 답을 알려주지 않고 아이가 문제 해결책을 찾도록 돕는다.

아이가 부모에게 삼각형 내각의 합을 물었다고 가정해보라. 확정형 부모는 단숨에 180도란 정답을 알려주고, 이건 기하학에 기본이니 무조건 암기하라고 요구할 것이다. 조건형 부모는 자신도 잘 모르겠다면서, 각도기를 주면서 직접 재어보라고 할 수 있다. 아이는 마루 위에서 열심히 각도를 잰다. 아이는 고생 끝에 합이 183도인 것을 알게 되었다. 수학 교과서 답안지의 정답과는 다른 점이 발견되었다.

아이가 183도라고 오답을 쓰려고 하면, 확정형 부모는 그걸 왜 재고 있냐며 쓸데없는 짓을 했다고 핀잔을 줄 것이다. 그리고 이건 무조건 외우는 것이라고 강조할지 모른다. 조건형 부모는 아이와 함께 각도 재는 다른 방법이 있는지 궁금하게 만들 수 있다. 그때 아이는 마루의 기울기가 눈에 보였다. 아이는 다시 반듯한 책상 위에서 측정을 시도했다. 드디어 정확하게 180도가 나오는 것을 발견했다. 아이는 굴곡 면에서의 기하학의 원리까지 터득한 셈이다.

아이큐가 높은 아동은 부모도 아이큐가 높을 가능성이 있는데, 그렇다 보니 이미 머릿속에 자신만의 논리구조와 학습 루트가 정해져 있고 아이가 이대로 따르길 원한다. 창의력이 높은 아이들은 되레 부모의 학력 수준이 높지 않은 경우가 많았다. 부모에게 답이 없으니 즉각적인 정답 구하는 확정된 방법을 알려주면서 암기를 강요하지는 않았을 것이다. 그러니 아이들이 스스로 알아서 해답을 찾아간 것이다. 아이의 창의력을 높이기 위해서는 확정형 부모보다 조건형 부모가 되는 것이 더 효과적이다.

알아도
모르는
척하는
기술이 필요하다

다시 조직에 관한 이야기로 넘어와 창의력 넘치는 조직을 만들기 위한 에포케 기술을 살펴보자. 조직에 혁신문화가 뿌리내리기 위해서는 조직의 리더도 조건형 리더로 바뀌어야 한다. 해결방안을 일방적으로 제시하기보다 조직원들이 열린 사고를 할 수 있도록 돕는 것이다. 상대방에 대한 판단중지가 덜 된 상태에서는 문제 행동만 눈에 띄고, 그러다 보면 지시를 내리거나 통제하는 일이 잦아진다. 구성원의 존재에서 우러나오는 고유한 창의성은 거의 제로에 수렴한다.

지금부터는 조직 내 창의성 개발을 위한 에포케 기술 두 가지를 소개하려고 한다. 첫 번째는 '대안 허용(open options)' 기술이다. 이것은 리더가 해결방안을 일방적으로 제시하기 전에 상대방이 생각하는 모든 대안을 충분히 묻고 인정하는 기법이다.

교수가 된 지 얼마 되지 않았을 때의 일이다. 교내 교수학습 지원센터에서 교수법과 관련한 컨설팅을 해주겠다는 안내장이 날아왔다. 내가 강의하는 모습을 한 시간가량 촬영한 뒤 분석해서 피드백하는 방식이었다. 그렇게 영상을 찍고 직접 만나 내 교수법에 대한 컨설팅을 받았다.

지적받은 것 중 가장 기억에 남는 내용은 내가 질문하는 방식에 관한 것이었다. 수업 도중에 학생들에게 질문은 많이 던지는 반면 기다리지 않고 곧바로 먼저 대답해버린다는 의견이었다. 질문을 하면 5초 정도는 생각할 시간을 주고 답이 나오도록 유도해야 하는데, 실제로 영상을 보니 나는 거의 기다리지 않고 곧바로 답을 말하고 있었다.

컨설팅을 해준 연구원은 실지로 내게 질문을 한 후 5초를 초시계로 재어보도록 했다. 내 느낌엔 기다리는 5초라는 시간이 마치 5분처럼 길게만 느껴졌다. 이후에 강의할 때마다 5초, 7초, 심지어는 10초를 일부러 기다리는 연습을 했다. 시간이 점점 길어질수록 학생들은 하나둘 손을 들고 말하기 시작했다.

창의력을 높이기 위해서는 그다음이 더 중요하다. 대안 허용에서는 어떤 의견이 나오든 모두 다 허용해주어야 한다. 결코 오답은 없다는 식으로 말이다. 조직원 스스로 주도적으로 일한다는 감각을 높이기 위한 첫 번째 관문이다. 어떤 아이디어를 냈을 때 거절당하는 경험이 반복되면 더 이상 아무 말도 하지 않을 확률이 높다.

하지만 섣불리 평가하지 않고 그대로 수용하고 들어주면 이후에는 자연스럽게 자유로운 의견이 오가기 마련이다. 앞서 엘렌 랭어 교수의 실험에서처럼 대안을 허용하는 것은 상대방에게 확정된 결론을 요구하는 상황이 아니라 창의적 해결을 유도하는 중요한 단계다. 때로는 교수나 상급자가 전혀 상상하지 못했던 창의적인 묘안을 만날 수도 있다.

두 번째 기술은 '중립적 제안(neutral suggestion)'이다. 이것은 상대방의 수용도를 높이기 위해 대안을 중립적으로 소개하고 채택 여부를 상대방이 결정하도록 유도하는 기법이다. 예를 들어 "업계에서 최근 많이 쓰는 방법이라는데 한번 검토해줄래요?", "내가 확실하게 아는 방법은 아니고 해외 문헌에서 본 것 같아요" 같은 식으로 리더의 의견을 확정해서 전달하지 않고 상대방이 결정할 수 있는 여지를 남겨두는 것이다. 이런 방식을 사용하면 상대방은 자기에게 주도권이 있다고 느끼고 적극적으로 일에 개입하게 된다.

가끔 나에게 논문 주제를 상의하러 오는 대학원생들이 있다. 그런데 내가 제자 사랑하는 마음으로 해당 분야의 유망한 주제라 여기고 연구 주제를 정해주면 학생에게는 아무런 도움도 되지 않는다. 창의성은커녕 주도성도 갖지 못한 채 남의 생각으로만 가득한 논문을 쓰게 된다. 이럴 때 중립적 제안 기술을 활용하면 내가 슬며시 건네는 힌트를 통해 학생 나름의 해답을 찾아갈 수 있다.

예컨대, 나는 최근 가습기살균제로 피해를 입은 국민을 위해 환경부 산하 국립환경과학원이 위탁한 정신건강 모니터링 기관을 운영하는 책임을 맡고 있다. 내 연구 관심뿐 아니라, 향후 이들의 심리 지원을 위한 지속적인 연구가 필요하다고 생각해서 졸업논문을 준비하는 대학원생에게 연구 주제를 정해주면 어떤 일이 생길까? 어쩌면 대학원생은 교수가 자신이 책임 연구원인 국책 사업의 연구 주제를 자신에게 떠넘긴다고 여길지도 모른다.

때로는 대학원생이 먼저 가습기살균제 피해자에 대한 연구 논문을 쓰겠다고 나를 찾아올 수도 있다. 이때도 나는 너무 잘 생각했다면서 덥석 그러라고 허락하지 않을 것이다. 이 대학원생이 주도적으로 생각한 것이 아니라, 지도교수의 최근 연구 관심을 염두에 두고 그저 교수를 떠본 것일 수도 있다. 그러면 그의 주도성과 창의성은 담보할 수 없다. 중립적인 제안은 최대한 상대방에게 결정권을 넘기는 방식이다.

"글쎄, 내가 요즘 그 사업을 하기는 하지만, 나도 아직 구체적으로 연구해보질 않아서 말이야. 김 선생이 그 주제를 어떻게 써야 할지는 잘 모르겠네요. 요즘 해외 문헌을 찾아보는 중인데, 가습기살균제 피해를 입은 이들이 세계적으로 아주 많지는 않은 것 같더라고. 아마 우리나라가 유일하지 않을까 싶은데, 김 선생이 좀 더 알아보지 그래요? 좀 더 조사해보면 이 연구 주제가 어떻게 피해자들과 이 분야 연구에도 기여할 수 있을지 감이 오지 않을까요?"

이러한 대안 허용과 중립적 제안으로 문제를 스스로 창의적으로 해결할 수 있도록 돕는 것이 에포케 코칭의 비밀이다. 실질적으로 리더가 해결방안을 제시했더라도 결국은 직원이 검토하고 동의하는 과정을 거치면서 자신 고유의 과업이라는 인식이 생기고, 심리적인 주도권(psychological ownership)을 갖는다. 상사의 지시라면 거부감부터 느끼기 마련이지만, 자신의 일이라고 생각하면 높은 실행력과 창의성으로 일을 처리할 수 있다. 알아도 모르는 척하는 태도는 때로 생각보다 더 큰 힘을 발휘한다.

조직을 운영하다 보면 실적이 좋을 때보다 나쁠 때가 더 많고, 성공할 때보다 위기가 찾아올 때가 더 많다. 이럴 때도 모두가 주도성을 가지고 창의성을 극대화하면서 일하는 방법을 찾을 수 있을까? 놀랍게도 에포케 코칭은 위기 상황일 때 더욱 빛을 발한다.

일방적으로 가르치고 답을 주는 '답정너' 업무 방식은 직원들이 가진 능력의 10퍼센트도 발휘하지 못하도록 막는다. 또한 대화에서 에포케가 이루어지지 않고 힘을 과도하게 사용하려는 리더에게는 공격적 언어나 태도가 필연으로 따라온다. 그러면 상대방은 당연히 방어적인 태도로 변명하는 상황을 반복하게 된다. 이런 태도가 생기는 가장 큰 이유는 자신이 '그것'으로 여겨지기 때문이다.

반면 누구나 자신을 '나와 너의 관계'로 경험할 때, 주도성과 최고의 창의성을 발휘하기 마련이다. 창의력을 사용하는 업무 방식은 100퍼센트 이상의 효율을 보인다. 그렇다면 조직이 위기 상황일 때 어떻게 에포케 코칭을 사용할 수 있는지 단계별로 살펴보자.

첫 번째, 판단중지를 해야 한다. 판단은 주로 상대방이 과거에 했던 부정적인 행동(doing)에 대한 왜곡된 편향일 때가 많다. 이때는 생각을 잠시 멈추고 상대방의 느낌을 존중해야 존재(being)까지 부정하는 최악의 상황을 방지할 수 있다. 상황을 객관적으로 보는 데 상대방이 과거에 어떤 사람인지는 중요하지 않다. 지금 여기에 무슨 일이 벌어진 것인지 차근차근 들으면서 상대방을 감정적으로 공감해주는 것이 우선이다.

두 번째, 존재(being)에 힘을 실어주어야 한다. 이것은 어떤 행동의 뒤에 보이지 않는 존재의 가치를 스스로 깨달을 수 있도록 돕는 과정이다. 이때 과거에 한 작은 성공을 축하하면서 상대방의 잠재력을 칭찬하면 좋다. 예를 들어 "이번 실적은 스스로 실망이 클 것 같군. 그런데 이게 김 과장의 진짜 모습이 아니란 걸 잘 알아", "지난 글로벌 금융 위기 때 기억나요? 모두 바닥이었을 때 김 과장이 반전의 기회를 만들었잖아" 하는 식으로 존재 자체의 가치를 높이고 용기를 북돋아주는 것이다.

세 번째, 앞으로 활용할 강점을 찾아준다. 누구에게나 잘하는 일은 있다. 상대방의 강점 한두 가지를 찾아 칭찬하면서 행동이 변화하도록 격려해주어야 한다. 누군가를 떠올렸을 때 칭찬할 거리가 단 하나도 없다고 생각하는가? 그렇다면 당신은 에포케 코칭이 더 필요한 리더다. 여전히 존재보다 행동을 보며 상대방을 판단하고 있기 때문이다. 좋은 리더라면 다른 사람이 단점이라고 이야기하는 것도 성장점으로 만들고 강점이라고 인식한다. 우유부단한 성격을 진중하다고 여기고, 다른 사람을 배려하는 모습으로 바라본다.

네 번째, 지속적인 지원을 약속한다. 조직에서 코칭 리더십은 책임을 함께 지는 것이다. 실패 가능성에 미리 대비하고 앞으로 업무를 수월하게 진행할 수 있도록 끊임없는 지원을 약속해야 한다. 코칭에서는 이것을 '임파워링(empowering)'이라고 한다. 이는 경영학에서의 '권한 위임'과는 약간 다른 의미다. 즉, 책임과 권한을 하급자에게 맡기는 것에 방점이 있는 것이 아니라, 권한을 위임하되 성취할 때까지 지원하고 함께 뛴다는 것에 강조점이 있는 코칭 기술이다.

책임을 함께 지는 코칭 리더십에 너무 큰 부담을 느낄 필요는 없다. 전적으로 맡기되 힘든 일은 함께 짊어지고 상대방이 완주하도록 응원하며 끝까지 함께하는 것이 목적이다. 이것이 상대방의 잠재력을 극대화할 수 있는 에포케 코칭의 백미다.

한마디로 말해 에포케 코칭은 상대방을 그것으로 판단하지 않고, 너로 존중하면서 숨겨진 자원을 끌어내는 원리다. 그러면 상대방은 자신을 '나와 너의 관계'로 반응하고 지원해 준 리더에게 놀라운 잠재력과 창의력을 보여주는 성과를 만들어낸다.

그럼에도 업무상 꼭 지적하고 고쳐야 할 사항이 있다면 어떻게 해야 할까? 이럴 때 사용할 수 있는 대화법이 '3+1 대화법'이다. 상대방의 강점을 3가지 먼저 이야기한 뒤 한 가지 개선점을 이야기하는 방식이다. 기업에서 높은 성과를 내는 직원들의 업무일지를 분석해보니 긍정 평가가 부정 평가보다 세 배가량 많았다는 점에 착안한 대화법이다. 강점을 먼저 이야기하고 약점을 이야기하면 업무 효율에 큰 도움이 된다.

이유가 뭘까? 아무리 강점을 가진 직원이라고 할지라도 리더로부터 문제에 대한 지적을 받는 순간, 자신의 문제행동과 자신의 존재 가치를 연결하여 느낄 수밖에 없다. 평소에 '나와 너'의 관계보다는 '나와 그것'의 관계로 부정적인 평가를 받은 경험이 오랫동안 축적되어 있다면 더욱 문제다. 지적을 받는 즉시 즉각적으로 존재감이 떨어지는 경험을 하게 된다.

하지만 상대방의 존재를 단숨에 '나와 너'의 관계로 격상시키는 경험이 바로 강점을 주목하면서 칭찬하는 일이다. 칭찬은 누구에게나 자신의 존재 가치에 대해 긍정적인 평가를 가능하게 하는 마술 같은 힘을 가지고 있다. 이런 긍정 평가를 억지로라도 선제적으로 하고 나면 연이어 지적을 해도 상대방에게 훨씬 충격이 덜하다.

예를 들어 내가 가르쳤던 박사 졸업생 한 명이 나를 찾아와 교수 임용을 위한 시범 강의를 하게 되었다고 피드백을 부탁했다고 가정해보자. 준비된 동영상 강의를 보고 피드백할 때 이 방식을 활용해본다면 이렇게 이야기할 수 있다.

"강의 잘 준비한 것 같아요. 무엇보다 시작을 에피소드로 한 게 너무 좋았어요. 그리고 인상이 좋아서 강의 듣는 사람들이 편한 마음으로 들을 수 있을 것 같네요. 이건 타고난 문 박사의 강점이지요. 그리고 두루 살피면서 아이 콘택트를 하는 것도 너무 좋았어요. 그런데 마지막으로 한 가지 아쉬운 점이 있어요. 말하는 속도가 조금 빠른 듯한데 여유롭게 강의를 마무리하도록 뒷부분 내용을 줄여보면 어떨까요?"

학생은 내 평가를 어떻게 받아들일까? 학생의 존재는 앞서 말한 세 번에 걸쳐 전달한 강점 덕분에 이미 충분히 인정받았

다. 긍정 정서가 자연스럽게 생긴 상황에서 마지막 지적사항
은 거부감 없이 충분히 받아들일 만한 조언으로 듣게 된다. 사
람이라면 누구나 상대방의 단점이 먼저 보이고 판단이 앞선다.
3+1 대화법을 실제로 적용하기 힘든 이유다. 계속 강조하고 있
는 판단중지의 기술을 활용하여 이러한 관성에서 벗어나려고
노력하는 것이 조직 내 부하 육성에 있어서 매우 중요하다.

지금까지 조직의 리더가 구성원들에게 존재의 가치를 높여
주는 코치로 거듭나기 위한 방법을 소개했다. 이 내용을 읽고
혹시 다른 사람이 떠오르는가? 회사의 상사, 자신의 부모, 학
교 선생님 등 다른 사람이 이대로 실천하면 좋겠다고 생각하는
가? 아니다. 우리 각자는 이미 알게 모르게 어느 자리에서 리더
로 살아가고 있다. 혹은 지금 당장은 아니더라도 언젠가는 리
더로서의 삶을 살게 된다.

주변을 한번 둘러보자. 여러 단체에서, 직장에서 내가 먼저
좋은 코치로 살 수 있다면 얼마나 좋을까? 이런 작은 실천이 마
침내 당신이 속한 조직을 '너와 너'의 관계를 정착하는 곳으로
만들 수 있다. 이런 결과 속에는 당신과 함께 일하는 사람들이
가장 주도적이고 창의적인 사람으로 변화되는 마법이 숨겨져
있다.

이번 장을 마치면서 시 한 편을 함께 읽고 싶다. 김용택 시인

의 「그이가 당신이에요」라고 하는 시다.[6] 나는 코치들을 훈련할 때 첫 번째 시간에 항상 이 시를 읽어준다. 시에 나오는 '그이'에 자기 자신, 자신의 상사, 부모, 교사, 그 외에 생각나는 사람을 넣어서 읽어보자. 이 시가 당신이 좋은 리더가 되는 데 한 걸음 더 다가가도록 돕길 바란다. 그리고 당신의 구성원들로부터 이런 고백을 듣는 리더가 되길 바란다.

나의 치부를 가장 많이 알고도 나의 사람으로 남아 있는 이가 나를 가장 사랑하는 사람일 거라는 생각을 했어요.
그 사람이 당신입니다.

나의 가장 부끄럽고도 죄스러운 모습을 통째로 알고 계시는 사람이 나를 가장 사랑하는 분일 터이지요.
그분이 당신입니다.

나의 아흔아홉 잘못을 전부 알고도 한 점 나의 가능성을 그 잘못 위에 놓으시는 이가 나를 가장 사랑하는 이일 테지요.
그이가 당신입니다.
나는 그런 당신의 사랑이고 싶어요.
당신의 한 점 가능성이 모든 걸 능가하리라는 것을 나는 세상 끝까지 믿을래요.

나는,
나는 당신의 하늘에 첫눈 같은 사랑입니다.

눈을 감고 우리의 가능성을 셀 수 없는 우리의 단점이나 잘못 위에 올려놓는 누군가를 상상해보라. 그는 바로 우리를 진정한 너로 만나주는 존재다. 조직은 상대방을 그것이 아닌 너로 만나주는 리더를 통하여 가장 혁신적인 모습으로 변모할 것이다. 혁신 조직의 필수요건은 구성원들에게 창의성 공간을 허용하는 리더의 거리두기다. 당신의 가정이나 직장은 가능성과 창의성이 죽은 조직인가 아니면 매일 새롭게 거듭나는 살아 있는 조직인가? 당신으로 인해 당신의 가정과 직장이 그 갈림길에 서 있다면, 오늘 조직을 살리는 리더로 새롭게 시작해보자.

가족을 사랑하는 일은
당연하지 않다

. 7 .

어른이 되어도 분화되지 못한 자아를 가진 채 살아가는 것은 당신 잘못이 아니다. 뒤늦게라도 과거의 나와 거리두기 해야 비로소 온전한 자신의 모습으로 살아가게 될 것이다.

가족 간에도
물리적, 심리적
거리가 필요하다

미국에서 1987년부터 1995년까지 방영된 〈풀 하우스(Full House)〉는 싱글 대디와 세 딸의 좌충우돌 일상을 그린 가족 시트콤이다. 종영된 지 20년이 넘었지만 지금도 미국인들에게 큰 사랑을 받는 명작 드라마로 손꼽힌다. 아빠가 어린 세 딸을 혼자 키우는 이야기를 다루다 보니 극 중에서는 아빠와 딸들이 갈등을 겪는 에피소드가 자주 등장하는데, 그중에는 이런 이야기도 있다.

아빠와 막내딸이 어느 날 사소한 일로 다투었다. 딸은 화가 많이 난 상태로 문을 쾅 닫고 자기 방으로 들어가버렸다. 우리나라 같으면 딸의 태도에 화가 난 부모가 "뭐 하는 짓이냐"고 하겠지만, 이 아빠는 조금 달랐다. 문을 똑똑 두드리더니 아이에게 들어가도 되는지 물었다. 아이가 "아니"라고 대답하자 다시 노크하며 한 번 더 물었다. 또 들어오지 말라는 답이 돌아오자 아빠는 결국 풀이 죽은 채로 돌아섰다. 당시 이 장면을 본 나는 충격을 받았다. 여섯 살짜리 꼬마가 아빠에게 단호하게 "아니"라고 말하고, 아빠도 허락 없이는 딸 방에 들어가지 못하는 모습이 생경했다.

이 에피소드에는 이번 장에서 살펴볼 주제가 숨어 있다. 에포케로 사랑하는 법, 그중에서도 가족을 대하는 방법에 대한 이야기다.

미국의 인류학자인 에드워드 홀(Edward T. Hall)은 '근접학(proxemics)'이라는 개념을 설명한 것으로 유명하다. 이는 요즘 우리가 자주 말하는 '사회적 거리'와 관련 있는 단어로 문화의 영역 안에서 한 인간이 다른 사람과의 사이에 필요한 공간을 연구한 것이다. 그는 1966년에 발간한 책『숨겨진 차원』에서 '활동 영역성(territoriality)'이라는 개념도 소개했는데, 이는 타인과 최적의 물리적 거리(optimal physical distance)가 무너졌을 때 발생하는 부정적인 심리 경험을 설명한 말이다.[7]

처음 유학생으로 미국에 갔을 때 나는 우리나라와는 사뭇 다른 지하철 문화를 발견했다. 당시 나는 한국에서 경험한 '지옥철' 혹은 '만원버스'라고 불리는 교통문화에 익숙했다. 나의 어린 학창 시절에는 마을마다 버스를 타면 자동문 대신 문 앞에 앉아 손님을 맞고 운전기사에게 출발을 알리는 차장이 존재했다. 차장의 가장 중요한 역할 중 하나는 손님이 많은 경우 좀 더 밀착할 것을 부탁하는 일이었다.

"아저씨, 앞사람에게 바짝 붙으세요."

어린 시절 내가 경험한 차장은 문에 매달려 소위 '배치기'로 손님을 버스 안으로 밀어 넣는 기술을 발휘하기도 했다. 이때 내가 경험한 지하철과 버스 내 사람과 사람 사이 물리적 거리는 거의 제로에 가까웠다. 당시 사람들은 서로 몸을 포개고 있어도 큰 부담을 느끼지 않았던 것 같다.

미국에서는 내가 지하철을 타고 옆 사람에게 조금 가까이 다가서자, 사람들은 즉시 한 발자국 물러나곤 했다. 처음 경험했을 때는 인종차별인가 싶어 당황스러웠지만, 나를 치한이나 나쁜 사람으로 여기는 표정은 아니었다. 그저 자신에게 필요한 물리적 거리를 유지하려는 태도처럼 보였다. 만약 내가 지속적으로 그 물리적 거리를 유지하지 않고 다가선다면 그들은 즉시 불쾌감과 반감을 드러낼지도 모른다.

이것이 바로 미국인이 타인과 자신의 최적의 물리적 거리를 유지하려는 '활동 영역성'인 것이다. 미국인들은 내가 한국에서 경험했던 활동 영역성보다는 확실히 더 넓은 거리를 요구하는 것처럼 보였다. 겉보기에는 물리적 거리처럼 보이지만, 이는 마음속 심리적 거리를 동시에 의미한다. 물리적 거리를 침범당하면 미국인들은 자신의 마음속 심리적 경계를 침해하는 것으로 여기기 때문이다.

누구나 일상생활에서 안정을 느끼기 위해서는 다른 사람과 적절한 물리적 거리가 필요하다. 이는 단순히 숫자로 측정 가능한 거리뿐 아니라 마음속 심리적인 거리와도 연결된다. 어떤 문화권에서는 그런 물리적 거리를 중요하게 생각하지 않는 반면, 또 어떤 문화에서는 기본적으로 지켜야 하는 예의라고 판단하기도 한다.

우리 문화도 활동영역성과 거리두기의 적잖은 변화를 경험하고 있다. 지하철 내 타인의 몸에 우리의 몸을 포개는 일이 전혀 어색하지 않았던 교통문화는 더 이상 존재하지 않는다. 그런 문화를 악용하여 성추행을 일삼는 치한들이 등장했기 때문이다. 그래도 미국 사람들처럼 확실한 물리적 거리를 두는 일은 아직도 문화적으로 어색하다. 아직도 승객들이 촘촘히 들어찬 만원버스는 여전히 존재한다.

이제는 아주 익숙해진 '사회적 거리두기'는 바로 얼마 전까지만 해도 우리나라에서 아주 생소한 개념이었다. 다른 사람의 영역에 침범하는 일이 예의에 어긋난다는 인식이 미국 같은 나라들처럼 높지 않았기 때문이다. 극장이나 경기장 앞에서 줄을 서 있는 관객 사이의 간격을 보면 50센티미터 정도면 충분했다. 그러다 2020년 코로나19의 유행으로 타인과의 물리적 접촉을 줄여야 하는 상황이 되면서 거리두기는 하나의 현상이자 기본 질서로 자리 잡았다.

사회적 거리두기의 기본 단위는 2미터다. 과거에는 상대방과 1미터만 떨어져 있어도 멀다고 여기던 때가 있었다. 예전 버스 차장처럼 배치기를 하지는 않지만, 놀이동산 같은 곳에서 줄 세우는 일을 하는 이들은 앞 사람과 바짝 붙으라는 말을 서슴지 않았다. 그런데 코로나19 이후로는 누군가 마스크도 쓰지 않은 채 반경 2미터 내로 들어오고, 헛기침만 해도 불안을 느끼게 되었다. 사회적 거리에 대한 심리적 변화가 찾아온 것이다.

실은 자아 정체성을 연구하는 심리학자들은 이미 오래전부터 이러한 심리적, 물리적 거리를 염두에 두고 연구하기 시작했다. 나의 존재 영역을 침범받지 않고 안전하다고 느낄 수 있는 최적의 거리(optimal distance)가 있다는 것이다. 상대방과 어느 정도 거리를 두어야 안전한 나만의 공간이라고 느낄 수 있는지 과학적으로 연구해나갔다.

앞서 이야기한 시트콤을 처음 봤을 당시, 나는 드라마에 등장하는 아빠가 지나치게 예의 바르고, 딸은 영 버릇이 없다고 느꼈다. 특히 어린 딸은 아직 철이 없고 맹랑한 아이라고 생각했던 것 같다. 하지만 그 드라마를 보던 미국인들은 나와 달리 딸을 그리 이상하다고 생각하지 않았을 가능성이 크다. 가끔은 부모에게 짜증을 부리는 막내딸의 전형적인 모습이었기 때문이다. 하지만 오히려 미국인들은 아빠를 딸과 물리적, 심리적 거리를 잘 유지하는 건강한 부모로 보았을 것이다. 실제로 시트콤에서도 둘은 매우 친밀한 관계로 그려진다. 물리적 거리에 대한 상식은 나라와 문화마다 다르기 때문이다.

나라마다 최적의 심리적 거리는 무엇에 따라 달라질까? 가장 먼저 생각해볼 수 있는 수치는 인구밀도다. 우리나라의 인구밀도는 1제곱킬로미터당 509명으로 전 세계 국가 중 23위로 높은 편이며 평균의 열 배 가까운 수치를 기록한다. 게다가 인구의 절반이 거주하는 수도권에 살고 있다면 현실적으로 물리적 거리두기는 사실상 불가능에 가까워진다.

그렇다면 우리나라에서는 거리두기를 포기해야 할까? 그렇지는 않다. 물리적 환경보다 더 중요한 것은 심리적 거리두기이기 때문이다. 그러기 위해서는 나를 둘러싼 환경을 넘어서 자신이 가장 바람직하다고 생각하는 '이상적인 자기(ideal self)'

를 탐색해보아야 한다.

심리적 거리는 나라의 문화에 따라서도 달라진다. 유목 민족이나 수렵 문화가 발달한 국가에서는 나 자신을 내가 보살피는 것이 생존과 직결된 문제였다. 그러다 보니 '독립적 자기'를 중요시하고 타인과의 관계에는 상대적으로 소홀했다. 누구에게도 도움받지 않고 자립해 자신만의 생활 터전을 가꿔야 했다. 반면 농경문화 기반인 우리나라에서는 달랐다. 다 같이 마을에 모여 살고 농사를 지으며 서로의 일을 돕고 이웃의 사정을 살폈다. 소위 '옆집에 숟가락이 몇 개인지까지 다 아는 사이'가 되는 것이다. 이런 문화권에서는 이상적인 자아가 독립적 자기라기보다는 '관계적 자기(relational self)'에 가깝다. 내가 어디에 소속되어 있는지, 어떤 관계를 맺는지가 절대적으로 중요해진다.

최적의 심리적 거리는 가족의 형태에 따라서도 달라진다. 예전에는 3대가 함께 사는 대가족 중심 문화였다. 구성원의 수가 많다 보니 물리적 거리는 물론 심리적 거리도 가까워질 수밖에 없었다. 지금은 3대가 같이 사는 가족은 거의 없다. 어느 순간 핵가족 문화로 바뀌더니, 최근에는 2인 가족, 1인 가족도 크게 늘었다. 2019년 통계청 자료에 따르면 1인 가구의 비율이 전체 가구 수의 30.2퍼센트를 차지할 정도로 많아졌다. 이런 상황에서는 심리적 거리가 어떻게 달라질까?

미국에서 〈풀 하우스〉가 인기리에 방영되던 때, 우리나라에도 비슷한 드라마가 많은 사랑을 받았다. 바로 〈한 지붕 세 가족〉이다. 한 단독주택에 모여 사는 세 가족의 이야기를 다룬 이 드라마는, 당시 서울에 사는 소시민들의 삶을 현실적이면서도 유쾌하게 담아내 높은 시청률을 기록했다. 이 드라마는 당시까지만 해도 고유한 가치로 여겨지던 화목한 가정을 모티프로 삼고 있다. 그 시대에는 다 함께 한 상에 둘러앉아 밥을 먹고, 격의 없이 뒹구는 모습이 가장 이상적이라고 보았다.

오랫동안 이런 삶을 유지하다 보니 가족의 형태가 바뀌어도 가족주의 문화는 여전히 뿌리 깊게 남아 있다. 이 때문에 가족 구성원 간에는 물리적, 심리적 거리두기가 더욱 어려워지기도 한다. 예전과는 많이 달라졌다고 해도 여전히 자녀가 있는 가정에서 자녀 방에 들어갈 때 노크를 하는 부모가 얼마나 될까? 심지어 자녀가 무엇을 하는지 감시하기 위해 문을 열어두라고 말하는 부모도 있다. 그러다 사춘기가 된 아이가 자신의 공간으로 침범하지 못하도록 하면 본격적인 갈등이 시작된다.

자녀가 어렸을 때부터 자기의 관리하에 두고 싶어 하는 부모는 대부분 자녀가 커서도 태도가 달라지지 않는다. 결혼한 자녀의 집 비밀번호를 알고 불쑥불쑥 찾아가거나 알려주지 않으면 서운하다고 말하기도 한다. 물론 가족 문화가 바뀌면서 과거에 비해 이런 문제가 덜 발생하지만, 아직까지도 우리나라에서는 가족 간에 물리적, 심리적 공간을 침범하는 일이 심심치 않게 일어난다.

'가족＝나'라는
환상

우리나라 사람들이 거리두기와 관련해 오해하는 단어가 하나 있다. 바로 친밀감이다. 보통 우리는 사람 사이의 물리적 거리가 없어야 상대방과 더 가까워질 수 있다고 생각한다. 자녀가 문을 잠그고 들어오지 말라고 하면 기분 나빠하고 다그치는 이유도 여기에 있다. 상당수의 부모가 여전히 친밀감과 거리감을 반대말이라고 이해한다.

부모의 눈에는 물리적 거리가 보이지 않는다. 그러다 보니 자녀가 생각하는 친밀도와 부모가 생각하는 친밀도 사이에 괴리가 생기기도 한다. 이런 문제로 한번은 어떤 어머니가 딸의 결혼 후 충격을 받고 상담을 받기 위해 찾아온 적이 있다.

이 어머니는 딸과 취미생활도 즐기고, 쇼핑도 다니면서 거의 친구처럼 가깝게 지냈다. 그러다 딸이 어느 정도 나이가 들자 적극적으로 선을 보다가 미국에 사는 교포와 결혼하게 되었다. 어머니는 친밀했던 딸이 미국으로 갈 생각을 하니 못내 속상했는데, 딸은 의외로 담담했다. 그리고 떠나기 직전에 엄마에게 장문의 편지를 썼다.

'엄마, 그동안 엄마랑 나는 가장 친한 사이라고 여겨서 좋을 때도 있었지만, 나 많이 힘들었어. 그래서 일부러 미국으로 이민 가려고 결혼 상대자로 미국에 사는 사람을 찾았는데, 다행히 좋은 사람을 만나서 떠나게 됐네. 엄마, 우리 이제 적당히 만나자. 나한테 가끔만 놀러 와. 나도 내 생활이 있으니까 한국에 가끔만 갈게.'

엄마는 이 편지를 받고 청천벽력과 같은 충격을 받았다. 왜 갑자기 자신과 한 몸처럼 지내던 자녀가 거의 단절에 가까울 만큼 물리적 거리를 두고 싶어 하는 걸까? 가족치료에서 단절은 오히려 엄청나게 친밀해 보였던 가족 사이에서 일어나는 경우가 많다. 둘이 한 몸인 것처럼 물리적 거리가 가까웠는데, 알고 보면 내면에는 엄청난 불안을 숨겨두었던 것이다.

딸은 학창 시절 내내 엄마와 매년 여러 차례 둘만의 여행을 계획해야 했다. 이유는 엄마가 간절히 원했기 때문이다. 엄마는 아빠와의 관계가 좋지 않았다. 아빠는 사업차 출장이 잦았고, 틈만 나면 골프 치는 일에만 열중했다. 딸은 어린 시절부터 엄마와 아빠가 폭력을 행사하는 일은 없었지만, 잦은 말다툼과 신경전을 벌이고 각방을 쓰는 모습을 보면서 자랐다.

운동선수인 오빠도 1년 중 기숙사에 있거나 훈련을 가는 시간을 빼면 집에 머무는 날이 많지 않았다. 대부분 집에는 오직 엄마와 자신뿐이었다. 어린 딸은 엄마로부터 버려지면 자신은 끝장이라는 불안을 가지고 살았을 것이다. 또한 가정 전체에서 느껴지는 균열의 불안을 덜기 위해서 딸은 엄마를 바짝 밀착 마크하면서 보호해야 한다고 느꼈을 수도 있다. 그러는 사이 자신의 심리적 공간에는 엄마가 가득 차 있었다. 엄마는 자신도 모르는 사이 딸의 마음속 심리적 거리를 침범하고 있었다.

사례에서처럼 단절은 심리적 거리가 거의 없이 과도한 불안을 경험하던 자녀들의 생존 전략이다. 부모와 가까이 지내면서도 계속해서 눈치를 보고, 미움이나 버림을 받을까봐 전전긍긍하다가 결국 극단적인 방법으로 거리를 둔다. 이 사례에서 딸이 택한 방법은 그래도 건강한 거리두기 방식에 속한다. 보다 병리적인 단절 방식으로 알코올중독에 빠지거나 부모와 인연을 끊고 잠적하거나 종교적인 이단 단체에 빠지기도 한다. 결국 단절이란 건강한 마음의 거리두기가 도저히 힘들 때 발생하는 매우 부적절한 거리두기 방식이다.

여기서 내가 말하는 '마음의 거리두기'란 친밀감(intimacy)과 안전감(security)을 담보하는 심리학적 개념이다. 누구나 스스로 이 정도면 적절하게 친밀하고, 안전한 거리라고 느끼는 기준이다. 때로는 겉으로 보이는 물리적 거리와는 상관이 없고, 서로 관계 상실에 대한 불안감이 없어야 한다. 앞서 말한 어머니의 경우, 그동안 딸과 엄마는 상호 불안으로 밀착된 관계였기 때문에 상담을 받으러 오지 않았다면 딸이 원하는 바와 달리 미국에 있는 딸에게 수시로 소통을 요청했을 가능성이 있다.

상담을 통해 어머니는 딸의 불안은 물론 자신의 불안을 받아들여야 했다. 남편과의 관계가 개선되지 않으면 불안한 자신이 또 누군가의 심리적 공간을 침해할 수도 있다는 통찰을 가지게 되었다. 그는 남편을 설득하여 부부상담을 시작했다.

여러 차례 상담을 통해 부부 관계를 공고히 하기 시작하자, 자신과 딸의 관계가 적절한 거리감을 가질 때 더욱 친밀해질 수 있겠다는 확신도 생겼다. 상담자에게 오히려 미국과 한국이라는 물리적 거리가 생겨서 다행이라는 말도 했다. 서로에게 안전감과 친밀감을 주는 심리적 거리를 유지하겠다는 의지도 보였다.

겉으로 아무리 가까운 사이처럼 물리적으로 붙어 있어도 상대방이 날 어떻게 생각할지에 대한 평가 불안이 높다면 결코 친밀한 관계라고 할 수 없다. 3장에서 떡볶이 1인분을 사 간 간호대생이 자기는 먹지 않고 친구에게 떡볶이를 주었던 에피소드를 기억하는가? 이 학생에게는 친구가 별로 없었고, 어려서부터 계속해서 평가 불안을 겪으면서 자기주장 결핍증을 갖게 됐다. 이런 상황에서 친구에게 음식을 양보하는 행위는 결코 친밀감의 증거로 볼 수 없다. 자신의 두려움을 잠재우기 위한 정서, 즉 불안 대처기제(coping mechanism)일 뿐이다.

가족관계에서도 친밀감은 새롭게 인식할 필요가 있는 감정이다. 때로는 전혀 거리가 없어야 진정한 가족이라고 믿는 것이 가장 위험할 수도 있다. 우리나라에서는 이러한 가치가 특히 존중되어 오면서 가정사를 개인사와 혼동하는 일도 빈번하게 발생한다. 가족주의 문화는 여러 명이 모인 하나의 시스템인 가족을 마치 개인과 동일시하도록 사고의 왜곡을 가져오기도 한다.

이런 사고방식은 특히 가장에게서 많이 발견된다. 그러다보니 누군가 가족의 일에 관여하려고 하면 과도하게 화를 내거나 거부하고, 가족을 자신의 소유물처럼 생각하기도 한다. 이런 분위기에서 자란 자녀도 같은 경향을 나타낸다. 가정 내 문제는 가정에서 해결해야 한다고 생각해 밖에다 문제를 잘 노출하지 못한다. 아버지의 폭력을 마치 나의 수치인 것처럼 생각해 참고 지나가는 일이 비일비재하다. 가정폭력을 해결하기 어려운 것도 바로 이 때문이다.

2020년 코로나19가 인류의 삶을 덮치자, 전 세계적으로 가정폭력 신고 횟수가 급증했다. 인권의 나라 프랑스의 경우 가정폭력이 32퍼센트 증가했고, 영국과 북아일랜드에서도 이동제한령이 실시된 이후 가정폭력이 20퍼센트 증가했다고 보도되었다. 사회적 거리두기로 인해 이동제한이나 자가격리를 경험하면서 아이러니하게도 가정 내 갈등과 폭력의 기회는 더 늘어난 것이다.

우리나라는 어떠했을까? 놀랍게도 우리나라는 가정폭력 신고 건수가 오히려 감소했다는 통계가 발표되었다. 2020년 4월 경찰청 보도에 따르면 코로나19 첫 확진 환자가 나온 2020년 1월 20일부터 4월 1일까지 112 가정폭력 신고 건수는 4만 5,065건으로 2019년 같은 기간의 신고 건수보다 4.9퍼센트 감소했다는 것이다. 가정 내 격리상황 중에도 우리나라에만 가정폭력이 줄어들고 끈끈한 가족사랑이 생겨난 것일까?

영국 런던경찰청은 코로나19가 발생하자, 이동제한 명령으로 인해 가정폭력의 신고 건수가 줄어들 것을 우려하여 가정폭력의 위험을 피해 가정을 떠나 이동제한 명령을 위반해도 처벌받지 않는 규정을 속히 만들었다. 외국의 경우 가정폭력 피해를 입은 이들이 신고하면 신속하게 가해자와 분리하고 안전감을 확보하는 것을 최우선으로 삼는다.

이에 비해 우리나라의 경찰은 아직도 '가족사=개인사'의 통념을 버리지 못하고 있다. 심각한 폭력피해를 신고해도 그냥 가장이나 부모가 해결해야 할 가정 내 문제로 치부한다. 가정 안에서 일어난 일이란 이유로 대부분 폭력 사건으로 기소하지 않고, 가정보호 사건으로 송치한다.

불안정한
부모와
마음의
거리두기

일반인에게는 생소하겠지만 동반의존증 혹은 공동의존증이라는 병리학 용어가 있다. 영어로는 '코디펜던스(codependence)'라고 하는데 1990년에 결성된 '미국 알코올중독자자녀연합(NACoA, The National Association for Children of Alcoholics)'에서 만들어진 말이다.

이 증상은 주로 알코올중독자 부모를 가진 자녀들에게 나타나며, 성인이 된 이후에도 늘 남을 돕는 일에 집착하고 그럴 만한 상황이 아닐 때는 내심 불안해지는 등의 특징을 보인다.

알코올중독자 가정에서 성장한 자녀들은 일상적으로 부모의 눈치를 살피고, 일반적으로 나이에 비해 빨리 철이 드는 편이다. 부모가 술을 먹고 집으로 들어와 소리를 지르거나 소란을 피우면 밖으로 소리가 새어날까봐 문을 닫고, TV도 크게 틀어놓는다. 부모가 어질러놓은 집 안을 밤새 혼자 치우기도 한다. 어린 시절부터 부모의 보호자처럼 생활하다 보니 부모와 나 사이의 거리는 완전히 융합되고 만다.

상황을 눈치챈 이웃들이 부모에 대해 물으면 늘 좋은 사람이라고 대답하기도 한다. 어린 시절부터 외부에 방어적인 태도를 보이고, 부모님을 보호해야 한다는 강박에 시달린다. 자신의 감정도 잘 드러내지 않는다. 감정이 꽁꽁 얼어붙는 상태(frozen feeling)가 되는 것이다. 밖에서 속상한 일이 있어도 잘 말하지 않고, 다른 사람을 지나치게 배려하기도 한다.

이런 사람들의 가장 밑바닥에 깔린 감정은 바로 유기불안이다. 다시 말해 버려질 것 같은 두려움을 안고 사는 것이다. 어느 날 갑자기 부모가 사라져버리거나 이혼할 것 같은 느낌을 매일같이 받다 보면 존재가 불안해진다. 성장해서는 중독자 부모와 전혀 다른 사람을 배우자로 선택할 것 같지만 실제로는 알코올 의존증이 있는 사람과 결혼하는 경우도 비일비재하다. 이 역시 유기불안으로 인해 사람을 잘 믿지 못하지만 적어도 술을 마시는 사람은 스스로 책임질 수 있다는 확신이 있기 때문이다.

동반의존증을 가진 사람을 상담할 때는 반드시 다뤄야 할 부분이 있다. 바로 마음의 거리두기다. 성인이 되어서도 더는

술 마시는 부모를 보호하려는 아이로 살지 않도록 거리를 두어야 한다. 부모가 자식 같고, 자식이 부모 같은 역전된 상황이 제자리를 찾을 수 있도록 도와야 한다. 이렇게 상황을 바꾸기 위해서는 3가지 단계가 필요하다.

첫째, 버려질 것 같은 두려움에 싸인 성인 아이(adult child)의 불안에 충분히 공감해준다. 둘째, 자신과 부모 사이의 '정서적 융합(emotional fusion)'을 파악한다. 정서적 융합이란 자신과 타인과의 심리적 거리가 무너진 상태다. 즉, '나와 너의 관계'를 만드는 정서적 경계가 모호해져서 상대방과의 관계에서 자신의 정서를 있는 그대로 드러내는 것이 점점 두려워진다. 결국 나의 감정은 전혀 중요하지 않고, 오직 상대방의 감정에만 오롯이 의존하려는 '그것'의 상태가 되고 만다. 특히 알코올중독자 자녀의 경우 부모의 감정을 자신의 감정으로 받아들일 때가 많다. 셋째, 자신과 부모 사이의 심리적 거리를 두고 자신의 감정을 조금씩 표현하도록 코칭한다. 부모님이 아직 살아 있다면 어렸을 때의 감정을 지금이라도 이야기해보는 것도 치료에 도움이 된다.

그렇다면 이 증상은 단지 알코올중독 부모님을 둔 자녀에게만 발견될까? 그렇지 않다. 우리나라에는 동반의존증 같은 성향을 보이는 사람이 많다. 자신의 욕구를 그대로 드러내거나

밖에서 생긴 일을 솔직하게 말할 수 없는 가정환경에서 오랫동안 자란 사람들에게서 주로 이런 증상이 나타난다. 부모가 자주 다투거나 불안감을 조성하는 가정에서는 항상 유기불안이 존재하기 때문에 자기주장이나 감정표현을 못 하는 상황과 자주 마주하게 된다. 부모 중 한 명이 이혼 등으로 집을 떠나면 증상은 훨씬 더 심각해진다.

중독뿐 아니라 가정폭력을 경험해도 마찬가지다. 우리나라에서는 여전히 가정폭력을 미화하는 경향이 있다. "우리 때 부모한테 매 한번 안 맞고 자란 사람 하나도 없어", "가족 사이니까 사랑의 매 정도는 들 수도 있지" 같은 언급도 그중 하나다. 가정폭력 피해자는 부모에게 정서적 융합이 되면서 부모의 분노가 자신의 잘못이라고 생각하기 쉽다. 그러다 보면 사회생활에서도 낮은 자존감으로 진정한 자기를 드러내지 못하고 오직 타인에게 보이기 위한 사회적 가면을 쓴 채로 관계를 맺게 된다.

결국 동반의존증을 가진 사람은 누군가와 연결될 때만 자신의 존재를 의식하고 확인하면서도 건강한 관계와는 점점 멀어진다. 늘 다른 사람의 욕구를 충족하려는 사람으로만 살면 몸과 마음은 피폐해질 뿐이다. 여기에서 벗어나기 위해서는 전문적인 상담과 심리치료를 통해 전환점을 만들어야 한다.

건강한
거리두기는
세 살부터
시작된다

어려서 부모와의 심리적 거리두기에 실패하고 여러 이유로 유기불안을 경험한 사람이 성인이 되어 가족치료를 받기 위해 찾아왔다면, 가장 먼저 '분화(differentiation)'하도록 치료적 개입을 해야 한다. 얼핏 보기에는 이것이 거주 독립과 같은 물리적 거리두기라고 오해하기 쉽지만, 그것만을 의미하는 개념은 아니다. 유기불안이 있는 사람이라면 오히려 독립했을 때 더욱 불안해지고, 정서적 융합이 강화되는 악영향을 낳을 수 있다.

'분화'는 '다르다'는 뜻의 'different'에서 파생된 단어다. 다르다는 의미를 그대로 가져오면 분화보다는 구별 짓기라는 해석이 더 정확하다. 나는 이 말을 조금 더 이해하기 쉽게 풀어서 '따로 또 같이 거리두기'로 표현하고 싶다. 그저 물리적으로 거리를 두는 게 아니라 떨어져 있지만 연결된 느낌을 동시에 갖는 거리두기가 필요한 것이다.

다소 추상적으로 들리겠지만, 따로 또 같이 거리두기의 핵심은 '나와 너의 관계'로 맺는 거리두기라는 점이다. 앞서 이야기한 부버의 말을 한 번 더 인용해보자.

"나 자체라는 것은 존재하지 않는다. 존재하는 것이라고는 다만 '나-너'의 '나'이거나 '나-그것'의 '나'일 뿐이다."

미분화된 부모와 자녀의 관계는 늘 나와 그것의 관계다. 불안한 자녀는 단 한 번도 인격체로서 있는 그대로의 모습을 부모에게 드러낼 기회를 가지지 못했고, 그러다 보니 미분화의 어려움을 겪게 된다. 부모에게 나는 무조건 순종해야 할 대상이었을 수도, 이미 다 안다고 판단 받는 대상이었을 수도 있다. 부모가 나를 골치 아픈 아이라고 평가하는 순간, 스스로를 정말 그런 존재로 받아들이게 된다. 그래서 부모에게 버려지지 않기 위해 부모의 욕구를 결코 충족시킬 수 없는 초라한 '그것'을 진짜 자신의 모습이라 여기면서 살아간다.

부모님이 우리를 '너'가 아니라 '그것'으로 만드는 일은 상당히 많다. 예를 들어, 아이가 울 때 정상적인 부모라면 아이가 왜 우는지 궁금해하면서 문제를 해결하기 위해 노력한다. 그런데 어떤 부모는 아이가 울면 통제가 안 되고 말썽부리는 나쁜 아이라는 낙인을 찍는다. 이것이 정서적 융합의 1단계다. 판단이 앞서고 아이를 무조건 통제하기 시작하면 아이는 욕구 충족이 안 되어 속상하고 눈물이 날 때, 그 감정이 나쁘다고 생각해 없애려고 한다. 그렇게 되면 자신의 감정을 자연스럽게 표현할 방법을 잃고 만다.

나와 너의 관계로 만나는 부모라면 어떻게 할까? 일단 판단을 멈추고 아이에게 무슨 일인지 묻는다. 물론 쉽지 않다. 대개 아이들은 진짜 내면의 감정을 표현하기 어려워하고, 표현해봤자 부모가 자신을 혼내리라 지레 겁을 먹기도 한다. 그러면 다시 정서적 융합의 단계로 넘어가 자신을 그저 나쁜 아이라고 단정 지어버린다. 이럴 때는 부모가 판단자(judger)가 아닌 학습자(learner)의 자세로 질문해야 자녀가 자신의 의견을 또박또박 이야기하면서 분화를 연습할 수 있다.

부모라면 지금부터라도 아이가 제대로 분화할 수 있도록 학습자의 자세로 물어보는 자세를 가져야 한다. 어린 자녀가 건강한 거리두기를 통해 당당한 '나'로서 자기주장을 하고, 자신의 감정을 꺼내놓을 수 있도록 진정으로 친밀한 관계를 형성할 수 있어야 하기 때문이다.

진정으로 친밀한 상태란 부모의 평가에 불안해하지 않고, 어떠한 정답에도 갇혀 있지 않은 상태다. 앞 장에서도 다룬 바와 같이 부모는 자신의 생각을 자녀에게 강제로 주입하거나 정답처럼 제시해서는 안 되며, 에포케를 통해 기다려줄 수 있어야 한다. 이를 통해 자녀는 자신의 어떠한 바람과 느낌을 불안 없이 전할 수 있는 '진정한 자기' 상태가 된다. 이것이 가족관계, 더 나아가 모든 인간관계에 적용되는 가장 중요한 친밀성의 척도라고 할 수 있다.

과거에서
밀려오는
불안과
거리두기

부모들이 자녀에 관해 빨리 판단을 내리는 데는 나름대로 합리적인 이유가 있다. 시험 기간에 자녀가 공부하지 않으면 시험을 망칠까봐 불안하고, 외출해서 밤늦게까지 돌아오지 않으면 무슨 일이 생길까 불안하기 때문이다. 언뜻 정당한 이유 같지만 사실 이런 불안에는 심리적 원인도 한몫한다.

　지금 자녀와의 관계 말고 과거 내가 자녀였을 때의 경험을 역추적해 보자. 종종 놀이치료에 아이를 데려오는 부모를 보면 이런 상황이 더 잘 이해된다. 어린 자녀의 사회성 혹은 정서 발달에 문제가 있다고 생각하는 부모는 아이와 함께 상담센터를 방문한다. 놀이치료에 들어가기 전, 보호자를 만나 아이의 상황을 잠시 듣는데, 보호자 대부분은 아이 앞에서 기다렸다는 듯이 문제 행동을 늘어놓는다. 그러나 이것은 사실 보호자의 불안이다.

이야기가 끝나면 나는 보호자의 어린 시절은 어땠는지 슬며시 묻는다. 혹시 아이와 비슷한 상황을 겪어봤는지 살피는 것이다. 대부분 자신의 이야기는 왜 묻느냐는 태도를 보인다. 그래도 조심스레 재차 질문하면 그때는 표정이 변하거나 눈가가 촉촉해지는 분들이 있다. 알고 보면 보호자도 어릴 때 친구가 많이 없었고, 따돌림을 당한 경험이 있으며, 사회성 부족으로 학교생활을 힘들어했던 적이 있었다. 그런 부모라면 아이를 더 잘 이해할 것 같지만, 실제로는 어린 시절의 기억 때문에 불안이 높아져 아이를 더 다그치게 된다. 불안의 기원을 찾는 것이 문제를 해결하는 중요한 열쇠가 되는 이유다.

부모 역시 자녀와의 관계에서 원가족과 분화되지 못했던 어린 시절의 불안과 거리두기 하는 것이 굉장히 중요하다. 아이에게 윽박지르거나 불안감을 느끼는 것이 단순히 사랑하기 때문이 아니라는 점을 빠르게 인식하고, 마음속에 숨어 있던 나의 불안이 '세대 간 전수된다'는 사실을 깨달아야 한다.

예전에 책을 출간한 후 북콘서트를 한 적이 있다. 그때 구석에 앉아 있던 중년 여성이 강의 시작부터 질의 응답하는 시간까지 내내 눈물을 훔치는 것을 보았다. 대체 무슨 일일까 의아해하며 신경이 쓰였는데, 마침 강연을 마치고 그 사람이 나를 찾아왔다.

그의 사연은 이랬다. 온 정성을 쏟아 키웠던 자녀들은 모두 성장해 결혼했고 남편도 은퇴 후 여유로운 시간을 보내고 있는데, 왠지 자신만 아무 쓸모 없이 덩그러니 남겨진 기분이라는 것이다. 다 자란 자녀가 독립해 집을 떠난 뒤에 부모가 경험하는 슬픔, 외로움, 상실감 등을 의미하는 '빈 둥지 증후군'처럼 보이는 말이었다.

첫마디는 "내 인생이 다 무너진 것 같아요"였다. 나는 그의 어린 시절이 궁금해졌다. 그는 어려서부터 정말 열심히 살았다고 했다. 부모님을 위해서도, 동생들을 위해서도 자신을 희생하며 앞장서서 가장 주도적인 역할을 도맡았다. 결혼 후에도 마찬가지였다. 남편은 자기가 없으면 양말도 못 찾아 신을 정도로 자신에게 의지했고, 자녀들도 헌신적으로 키웠다.

그러다 자녀들이 떠나고 나니 '나는 누구지? 뭘 좋아하지? 왜 사는 거지?' 같은 질문이 내면으로 쏟아져 들어와 고통스러워졌다. 그때 나의 책을 읽었고, 그 마음이 지독한 불안이라는 것을 알게 되었다. 어린 시절 물건을 던지면서 싸움을 일삼던 부모에게서 느꼈던 그의 불안이 문제였다. 진짜 내가 아니라 엄마에게 필요한 나, 아빠에게 필요한 나, 남편에게 필요한 나,

자녀에게 필요한 나, 즉 스스로 그것이 된 것이다.

어린 시절부터 내가 나를 당당하게 주장하고 자신이 원하는 것과 느낌을 제대로 전달하며 부모와 건강한 심리적 거리두기를 했다면 얼마나 좋았을까? 가정 내에서 건강한 분화에 실패한 그는 성인이 되어서도 늘 누군가에게 필요한 '그것'으로 살아야 한다는 강박을 지니고 살았을 것이다. 결국 성인이 되어 본인의 가정을 꾸렸지만, 어린 시절 부모와의 '정서적 융합'을 벗어나는 데 실패했다.

누구나 원가족 시절 융합 경험을 전수하지 않기 위해서 현재의 남편이나 자녀와의 관계에서는 '나와 그것의 관계'를 벗어날 수 있어야 한다. 이때 '따로 또 같이 거리두기'가 절실히 필요하다. 가장 먼저 과거로부터 밀려오는 과도한 유기불안과 거리를 두어야 한다. 현재의 남편이나 자녀와도 이런 과도한 유기불안을 바탕으로 관계를 맺기 쉽기 때문이다. 거리두기에 실패하면 여지없이 다시금 '정서적 융합'을 재현하고 만다. 누구나 '나와 그것의 관계'로부터 적절한 마음의 거리두기가 필요한 이유다.

'따로 또 같이 거리두기'는 과거 유기불안과 거리를 두고 현재의 남편과 자녀는 모두 자신과 생각과 느낌이 달라도 결국 연결될 수 있다고 믿을 수 있어야 비로소 가능해진다. 우리는 누구나 부정적인 평가나 유기를 두려워하는 그것이 아니라, 자신의 진짜 느낌과 욕구를 드러낼 수 있는 상대(너)로 살 때 가장 행복할 수 있다 그래야 노년을 바라보는 나이가 되어서 뒤늦게 자기 자신에 대한 무기력과 무가치함을 느끼는 일도 피할 수 있다.

하지만 상담을 하다 보면 의외로 많은 사람이 꽤 나이를 먹어서까지 분화되지 못한 자아를 가슴에 품은 채 살아간다. 행복한 나를 만드는 여정에 이미 늦은 때란 없다. 지금이라도 그것(es)으로 살아온 과거와 거리를 두자. 우리는 언제라도 과거의 정서적 융합과 거리두기 해야 자신의 목소리를 낼 수 있다. 내 느낌과 내 욕구를 드러내도 지나치게 불안하지 않아야 한다. 그때라야 비로소 남은 시간 동안 온전한 자신의 모습으로 살아갈 수 있게 되기 때문이다.

따로 또 같이
거리두기를
연습하자

따로 또 같이 거리두기를 연습하는 방법에 대해 좀 더 자세히 살펴보자. 무엇보다 원가족에서 경험한 '나와 그것'의 유기불안을 이해해야 한다. 다른 사람의 욕구를 충족해주기 위해 '그것'으로 살았던 때의 불안을 누구에게든지 털어놓아 충분히 공감받아야 한다. 가까운 사람일수록 좋겠지만, 여의치 않다면 심리상담사에게라도 꼭 털어놓아보자.

그래야 비로소 그 어린 시절 그것으로 산 과거의 나와도 스스로 거리를 두고 분화할 수 있다. 공감을 통해 과거의 나를 현재의 나와 융합되지 않도록 적절하게 거리를 두면서도, 더 이상 내 안에서 상처의 기억이 아닌 성장의 기억으로 통합해낼 수 있어야 한다. 이것이 따로 또 같이 거리두기의 핵심이다.

부부상담을 찾아온 내담자 부부가 있었다. 남편은 대기업의 중역으로 일하는 50대 중반 남성이었고, 아내는 대학에서 가르치는 40대 후반의 교수였다. 부부는 아들 둘이 있었는데, 모두 해외에서 유학 중이었고, 겉보기에는 유복해 보이는 가정을 꾸리고 있었다. 남편의 아버지는 남편이 다섯 살 때 간 질환으로 사망하고, 어머니가 홀로 살다가 1년 전부터 부부와 함께 살게 되었다고 했다.

아내는 남편이 세상에서 둘째 가라면 서러운 효자라고 했다. 1년 전만 해도 홀로 살던 시어머니가 갑자기 오라면 새벽이라도 달려가고, 화장실 청소나 인터넷 설치까지 도맡아서 할 정도였다. 시어머니도 독자인 남편에게 의존도가 심했지만, 따로 살면서 며느리에게 크게 부담을 주는 일은 없었다고 했다. 아내는 그런 시어머니와 효자 남편이 그리 밉지 않았는데, 어머니가 경도 치매 판정을 받은 후 남편이 180도 달라졌다고 했다.

평소에 건강했던 시어머니의 치매 판정은 모두를 놀라게 했다. 의료진도 방문이 가능한 요양보호사를 두고 체계적인 돌봄이 가능하다고 권고했지만, 남편은 유난히 어머니의 간호에 민감해했다. 결국 아내와 충분히 의논을 하지 않은 채 자신의 집에서 당분간 어머니와 함께 지내기로 결정했다. 방문하는 요양보호사를 두기로 했지만, 퇴근하기 전까지 수시로 어머니의 전화 안부를 묻는 일이 빈번했다. 방학에 출근하고자 하는 대학 교수 아내에게 불평을 터뜨리면서 어머니를 꼼꼼히 돌보라고 강하게 요청하기도 했다.

부부에게 큰 분란을 일으킨 사건이 상담을 찾아오기 일주일 전에 일어났다. 남편이 열흘간의 해외 출장을 마치고 집에 돌아왔을 때 어머니는 욕실에서 목욕을 하고 있었다. 남편이 갑자기 웃옷을 벗더니 어머니에게 등을 밀어드릴까 물었다. 어머니가 그러라고 했더니 남편이 팬티 바람으로 욕실로 들어서려고 했다. 아내는 깜짝 놀라 본인이 밀어드리겠다고 남편을 만류했다. "당신은 안방 욕실에 가서 샤워부터 하세요"라고 말하면서 남편의 손목을 잡았지만 남편은 막무가내였다.

묘한 분위기가 느껴졌지만, 아내는 웃으면서 어머니에게 "어머니, 제가 잘 밀어드릴게요"라고 말하며 욕실로 들어가려 했다. 하지만 "이미 아범이 옷을 벗었으니 그냥 하도록 둬라. 너는 저녁 준비나 하고"라는 어머니의 답변이 들렸고, 남편은 아내에게 나가라면서 욕실 문을 닫았다. 조금 후 남편이 욕실 문을 잠그는 소리가 들렸다.

아내는 그 소리가 마치 큰 철퇴가 내려앉는 소리처럼 컸다고 했다. 아내는 상담실에서 눈물을 글썽이면서, 지금도 그 소리가 들린다고 했다. 상담사가 지금 아내 귓가에 들리는 소리는 어떤 느낌이냐고 물었더니, 자신과 남편 사이의 관계가 금이 가는 소리 같다고 했다. 남편은 무슨 뚱딴지 같은 소리냐며 소리를 질렀다.

이쯤에서 여러분은 이런 남편의 행동을 어떻게 평가할지 궁금해진다. 지나치게 효자지만 아내의 마음은 개의치 않는 남편? 아니면 노모와 격의 없이 지내는 아이 같은 중년 아들? 누구나 어딘가 좀 어색하고 과도하다고 여기겠지만, 이 사람의 오랜 불안을 감지하는 일은 결코 쉽지 않다.

전문가의 눈에는 지나치게 유기불안이 높은 어린 시절 미분화의 상태가 크게 다가올 수밖에 없다. 어머니와 단둘이 살아온 세월 가운데 어린 아들은 어떤 감정을 느끼면서 살았을까? 남편 내담자는 어린 시절을 묻는 내게 늘 시장에서 행상을 하는 어머니를 껌딱지처럼 붙어 다녔다고 했다. 중고등학교 시절 수학여행을 한 번도 간 적이 없다고 했다. 경제적인 이유 때문이었는지 물었더니 전혀 아니라고 했다. 자신이 중고생 시절에는 어머니가 정육점을 했는데, 거의 매일 자신의 도움이 필요했기 때문이라고 했다.

남편과의 개별상담이 진행되었다. 그는 어머니가 시장에서 일할 때 수많은 남성이 어머니에게 접근했던 기억을 털어놓았다. 그 경험이 내담자의 과도한 불안이 생겨난 시발점 같았다.

어린 그는 수많은 남성으로부터 엄마를 지켜야 한다고 느끼면서 살았는지도 모른다. 실은 이 불안은 자신의 생존과 밀접하게 연결되어 있었다. 어머니가 재혼을 하고 나면 자신의 존재는 공중 분해될 수 있다고 두려워했는지도 모른다.

그는 자신이 초등학교 3학년 때까지 어머니를 따라 여탕을 다녔다고 했다. 이 역시 좀 과도해 보였다. 본인은 어머니 등의 때를 밀어드리기 위함이라고 했지만, 실은 자신의 불안을 달래기 위함처럼 보였다. 어머니에게 재혼할 남편이 필요하지 않도록 자신은 뭐든지 해야 했다. 늘 목욕을 같이 다녔던 자신에게 던졌던 어머니의 말 한마디를 기억해냈다. "우리 상국이 더 크면 누가 엄마 등을 밀어주지?"

문득 어머니의 그 말을 떠올린 내담자는 얼굴을 감싸고 흐느끼기 시작했다. 몇 주 전 반자동적으로 욕실로 뛰어 들어가야 했던 마음의 역동을 스스로 느끼는 것 같았다. 서른 살에 결혼한 이후 자신과 아내는 외국 유학생활을 했고, 귀국 후에도 따로 살았지만, 이 아들은 미분화된 상태로 50년 가까이 살아왔던 것이다. 그래서 어머니의 전화 한 통화면 일주일에 몇 번씩 차를 몰아 40분 넘는 거리를 달려갔었는지도 모른다. 나는 그에게 이렇게 공감했다.

"어린 상국이는 너무나 불안했겠네요. 엄마를 잃을까봐 엄마를 돕고, 때로는 엄마를 지킨다고 했지만, 너무도 두려웠던 것이지요. 엄마에게 버려지면 상국이는 진짜 끝이니까요."

"맞아요. 유치원 때 마음이 아직도 남아 있는 것 같아요."

이 몸만 자란 아이에게는 곁에 남은 어머니마저 떠나갈까 두려운 마음과 그런 엄마에게 필요한 아들이고 싶은 마음이 공존했다. 치매를 앓는 어머니를 무조건 집으로 모시고 온 것도, 그날 욕실에 뛰어든 것도 바로 어린 상국이가 한 행동 같았다. 상담 과정에서 이에 대한 충분한 공감이 필요했다. 내담자가 마음속 상국이에게 말을 건네보도록 했다.

"상국이가 엄마에게 필요 없는 아들이 되는 건 너무 무서운 일이야. 그래서 늘 버려질까봐 불안했을 거야."

나는 그에게 다음과 같은 말을 건네면서 과거의 어린 상국이와 거리를 두도록 했다.

"상국아, 그런데 너는 다행스럽게도 누구에게도 버려지지 않았어. 지금의 나를 봐. 너는 어머니는 물론 남들에게도 인정받고 칭찬받기 위해 매우 성실하게 살았고, 두 아들의 아빠, 충실한 남편으로 지금 이렇게 자랐잖니? 이제 마음을 좀 놓아도 되겠다. 이젠 너도 지금의 나와 잠시 거리를 두고 좀 더 편안하게 살면 어떨까?"

이렇게 어린 상국이와 거리를 두고 충분히 이해하고 공감하는 시간을 가지면서 자신이 왜 기업에서 승진을 해도 점점 불안해지고 어머니의 전화를 받을 때마다 불안했는지 그 이유도 알게 되었다. 어린 시절 상국이로부터 밀려온 불안이었다. 그때 어머니로부터 느꼈던 불안은 50년 동안 눈덩이처럼 커져만 갔다. 이렇게 과거 '그것'으로 살아온 불안한 나로부터 따로 또 같이 거리를 두는 과정, 이것이 분화다.

과거의 나와 분화할 수 있을 때, 현재의 관계를 재정립하는 것도 가능하다. 지금까지 있는 그대로의 당당한 모습으로 살지 못했던 것은 우리 잘못이 아니다. 과거 누군가에게 버려질까 봐 그들에게 필요한 '그것'으로 살아야 했던 불안한 마음이 그렇게 만들었을 뿐이다. 이제는 불안했던 과거의 나를 내려놓고 새로운 나로 나아가보자. 그리고 다른 사람과도 나와 너의 관계로 만나보자.

적절한 거리두기에서
진정한 사랑이 싹튼다

.8.

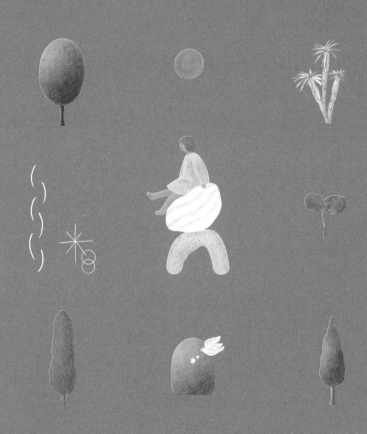

우리는 평소에 사랑한다는 말을 얼마나 많이 하고 있을까? 사랑을 말하는 횟수보다 그 말에 당신을 공평하게 존중하겠다는 마음 자세를 담아보면 어떨까?

가장 미운 사람이
가족이면
어떻게
하나요?

기독교 성서에는 원수를 사랑하라는 말이 나온다. 내게 악행을 행한 가장 미운 사람마저도 신의 뜻에 따라 사랑으로 품어주어야 한다는 것이다. 떠올리기만 해도 화가 치밀어 오를 만큼 싫어하는 사람을 사랑하라니 굉장히 어려운 일 같지만, 실제로는 생각만큼 힘들지 않을 수 있다.

'눈에서 멀어지면 마음에서도 멀어진다'는 속담이 있다. 아무리 사랑하는 사람도 멀리 있으면 남보다 못한 관계가 된다는 뜻이지만, 이 말은 미운 감정에도 똑같이 적용된다. 물리적인 거리가 떨어져 있다 보면 나중에는 미운 감정이 있다는 사실조차 잊어버린다. 우리가 일상생활에서 사랑하기 어려운 진짜 존재는 원수가 아니라 바로 늘 우리와 붙어 사는 가족이다.

우리는 가족이라면 무조건 서로 사랑하고 아끼며 애틋한 마음을 가져야 한다고 배웠다. 하지만 가족에 대한 사랑은 저절로 생기는 것일까? 이것은 사회에서 주입된 일종의 환상이 아닐까? 나는 오래전부터 이런 주제로 '가장 미운 사람이 가족이면 어떻게 하나요?'라는 제목의 책이라도 쓰고 싶었다.

가족이 애증 관계가 되는 이유는 서로 나와 너로 만나고 싶은 욕구가 그 어느 관계보다 더 크기 때문이다. 하지만 가족 간에는 그 욕구가 무너지기도 너무나 쉽다. 예를 들어, 회사에서는 직원들에게 존경받는 온화한 사람이 가정에서는 자신의 감정을 있는 그대로 분출하기도 한다. 승진하고 인정받고 싶은 욕구 때문에 타인에게는 자기를 숨기고 굽신거리지만, 자신에게 주도권이 있는 집에서만큼은 있는 그대로의 나를 한껏 드러내고 싶어 한다. 하지만, 가족으로부터 무시당했다고 느껴질 때면 더더욱 화가 나게 마련이다. 그래서 가족 사랑에는 다른 어떤 관계보다 더 큰 노력이 필요하다.

사실 가족 사랑의 정의 자체가 너무 비현실적이다. 부버는 사랑이란 우리 내면에 자리 잡고 있는 것 아니라 나와 너 사이(between)에 있다고 이야기했다. 그런 의미에서 드라마에서 사랑이 식었다고 하는 말은 찬찬히 뜯어보면 틀린 소리다. 그 사람 안에는 애초에 사랑이 없었다. 둘의 관계 사이에 있었던 사랑이 더는 작동하지 않게 된 것뿐이다.

그렇다면 나와 너 사이에 있었던 사랑이란 무엇일까? 부버는 이를 '상대방에 대한 책임'이라고 이야기했다. 사랑이 곧 책임이란 말은 좀 상투적으로 들린다. 나는 책임이란 뜻의 영어단어에서 그 숨겨진 의미를 찾곤 한다. 앞서 말했듯 영어단어인 responsibility는 반응(response)과 능력(ability)을 붙여 만든 복합어다. 책임은 곧 상대방에게 제대로 '반응하는 능력'이란 의미다. 어떻게 하는 것이 제대로 반응하는 것일까? 상대방을 나를 위한 수단으로 여기지 않고 또 다른 인격적인 존재로 존중하겠다고 결심하는 행위, 다시 말해 그것(es)이 아니라 너(du)로 반응하겠다는 결단과 반응 능력이 사랑이다.

결혼식에서 사용하는 혼인 서약 문구를 한번 살펴보자.

"어떠한 경우라도 서로 사랑하고 존중하며 진실한 남편과 아내로 살기로 맹세합니까?"
"오늘부터 삶을 다하는 날까지 어떠한 경우라도 항시 사랑하고 존중하며, 양가 부모님과 가족·친지를 공경하고, 믿음직한 남편으로서의 도리를 다할 것을 서약합니다."

두 문구 모두 공통되는 키워드가 있다. 사랑과 존중이다. 그런데 나는 유학 시절, 가족주의를 주제로 세미나를 할 때 이 결혼 서약에 관한 흥미로운 이야기를 들었다. 앞으로는 사랑과 존중 대신 새로운 키워드가 등장할 때라는 것이다. 당시 다루었던 키워드는 바로 '정의(justice)'다. 오직 사랑에만 서약하는 것이 자신 안에 있는 사랑이 모든 것을 가능케 하리라는 환상을 만들어내기 때문이라는 것이다. 그렇다면 어떻게 정의가 결혼의 핵심 메시지가 될 수 있을까?

나는 주례를 설 때 전통적인 서약서 대신 둘만의 서약서를 만들라고 주문한다. 핵심은 구태의연한 사랑의 서약을 빼고 상대방에 대한 구체적인 실천 공약이 들어가도록 작성해보는 것이다. 서로 분량만 정하고 결혼식 당일까지 공개하지 않기로 하는데, 그러다 보니 상당히 흥미로운 결심이 많이 등장한다. 그중 두 개만 공개해보면 이렇다.

"아내의 피부 노화 방지를 위해 평생 설거지는 내가 할 것임을 양가 부모님 앞에서 서약합니다."

"양가 부모를 사랑하고 공경하되, 명절에 방문 시에는 서로 협의하고 양가에서 가능한 한 같은 시간을 보내기로 서약합니다."

이런 서약을 쓴 사람을 굉장히 칭찬했던 기억이 난다. 결혼 서약서를 직접 쓰다 보면 사랑 고백뿐 아니라 서로에 대한 공평한 책임을 이야기하게 된다. 그러면 형식적으로 틀에 박힌 이야기가 아니라 실제 결혼 생활에 도움이 될 만한 실천방안이 나온다.

현실의 결혼생활에서는 남편과 아내가 결혼 첫날부터 상처를 받는 경우가 많다. 내가 아는 노부부는 신혼 첫날 남편이 가장 가벼운 가방 한 개를 들고 앞서가고 뒤에 따라가는 아내는 두 손 가득 가방을 들고 가면서 울음을 삼켰다는 푸념을 40년이 넘게 퍼붓는다. 이것이 부부에게 사랑보다 정의가 더 필요한 이유다.

정의는 법조인이나 사회개혁가에게만 필요한 것이 아니다. 서로를 인격체로 공평하게 대접하려는 가치라는 측면에서는 가족이야말로 이처럼 상호적인 정의가 절실히 필요하다. 매년 아내에게 명품 가방이나 고급 목걸이를 선물한다는 남편을 만난 적 있다. 그런데도 아내는 별로 감흥이 없어 보인다고 했다. 왜 그런 걸까? 사랑이 식은 것일까? 아내를 만나보니 사랑이 아니라, 그가 받는 대접에 문제가 있었다.

아내가 눈물을 흘리면서 하는 이야기는 의외였다. 비행기 조종사인 남편은 여행 후 집에 오면 늘 갈비를 곁들인 한식을 먹기를 원했다. 남편을 위한 갈비를 굽고, 어린아이들을 위한 반찬까지 하려면 늘 정신이 없었다. 남편은 단 한 번도 자신이 식탁에 앉을 때까지 자신을 기다려주는 법이 없었다고 했다. 아내가 마지막 갈비까지 구워서 식탁에 오면 고기반찬은 거의 남아 있지 않았다.

아내는 눈시울을 적시면서 말을 이어갔다. 심지어는 남편은 물론 아이들마저 자신이 고기를 별로 좋아하지 않는 줄 안다는 것이 너무 마음 아프다고 했다. 아내는 자신이 가장 원하는 것은 가방이나 목걸이가 아니라고 힘주어 말했다. 아내가 가장 원하는 일은 가족이 다 함께 식사하고 서로 눈을 마주 보며 대화하는 것이라고 했다. 분명 그리 어려운 일이 아니었다.

하지만 아내는 평소 남편에게 따뜻하게 존중받는 아내의 존재감을 가질 수 없었다. 심지어는 공평하게 식탁에서 함께 식사할 수 있는 가족이 될 자격이 없는 느낌까지 들었다. 아내는 남편에게 자신이 마치 갈빗집 종업원 같은 존재처럼 느껴진다면서 눈물을 흘렸다. 우리는 모두 가족에게 값비싼 선물로 사랑을 확인받기보다 진정한 인격체로서의 대접을 간절히 원하는지도 모르겠다.

누군가의 희생으로
지탱되는 가정은
행복할 수 없다

미국 시카고대학교에서 평생 실천신학을 가르쳤던 돈 브라우닝(Don Browning)이라는 신학자가 있다. 그는 1991년부터 1997년까지 무려 7년에 걸쳐 가족학자, 사회학자, 인류학자들과 함께 서구의 가족제도를 연구했다. 이를 '종교, 문화, 가족 프로젝트(Religion, Culture & Family Project)'라고 명명했다. 오랜 연구 끝에 그는 자신이 신학자임에도 이런 결론을 내렸다.

"사랑과 희생을 강조하는 기독교적 가치가 오히려 가족의 해체에 기여했다."

기독교적인 가치가 잘못 해석되면서 가족 해체를 부추겼다는 말이다. 사실 그전까지 서구 유럽에서는 여성이 가족을 위해 희생하는 것이 가족을 위해 당연한 일이라고 여겼다.

"○○의 사랑과 희생이 있어야 가정이 하늘의 복을 받는다. 배우자가 어떠한 실수를 해도 ○○가 사랑으로 감싸고 덮어주어라. ○○의 눈물 어린 기도와 희생이 있어야 자녀가 올바르게 성장한다."

○○에 들어갈 말로 대부분 아내 또는 엄마를 떠올릴 것이다. 유교 문화권인 우리나라도 상황은 크게 다르지 않다.

자, 그렇다면 다음에 들어갈 말도 한번 유추해보자.

"부부·가족상담 전문가들은 가정에서 문제가 있어 보이는 사람, 즉 치료가 필요하다고 간주되는 사람을 ○○○라고 불렀다."

정답은 희생양이다. 가족 구성원 사이에서는 문제가 있다고 판단했지만, 실상을 뜯어보면 그 사람은 가족 갈등의 희생양인 경우가 많다. 예를 들어 부모의 사이가 좋지 않으면 자녀는 가장 먼저 분위기를 감지하고 관심을 끌기 위해 일탈 행위를 한다. 그러다 자신 덕분에 부모님의 사이가 가까워지는 것 같으면 반복해서 문제 행동을 일으킨다. 가정이 잘못될지도 모른다는 불안감 때문이다.

서구의 학자들이 희생양(scapegoat)이라고 이름 붙인 데에는 기독교적인 배경이 있다. 기독교에서 희생양은 세상 죄를 지고 가는 어린 양, 즉 예수 그리스도를 의미한다. 가족 체계 내에서 부모님이 갈등을 일으켜 가족이 해체될 수도 있다는 불안을 남몰래 지고 가는 사람이 바로 이 희생양, 즉 자녀인 경우가 많다.

따라서 가족 전체의 관계가 회복되도록 도와서 자녀의 짐을 덜어내는 게 중요한 가족치료의 최종 지향점이 될 수 있다. 아이러니하게도 그리스도를 지칭하는 기독교 용어를 가족치료학에서는 부정적인 용례로 사용하고 있다. 누군가의 희생으로 지탱되는 가정은 결코 행복한 가정이 될 수 없다는 점은 분명하다.

돈 브라우닝이 지적한 기독교의 가치가 오용되고 있다는 비판을 '비판적 가족주의(Critical Familism)'라고 부른다. 그러면서 그는 사랑이나 희생과 같은 전통적 가치관 대신 가족에게 필요한 가치는 '공평한 존중(equal regard)'이라고 말했다. 이 역시 기독교적인 가치로 상대방을 나의 목적을 이루는 '수단'이 아니라 존재의 '목적' 그 자체로 귀하게 여기는 태도다. 앞서 결혼 서약서에서 양가 방문 시 미리 상의하고 같은 시간 동안 공평하게 방문하겠다고 약속한 것과 같은 맥락이다. 성서에 이와 같은 가치를 표현한 구절이 있다.

> "그러므로 무엇이든지 남에게 대접을 받고자 하는 대로 너희도 남을 대접하라 이것이 율법이요 선지자니라."(마태복음 7장 12절)

기독교의 가치는 일방적인 희생에 있지 않다. 기득권의 위치를 지키기 위해 지금껏 잘못된 방향으로 성서를 왜곡하여 해석했을 뿐이다. 기독교에서 정말 강조하는 가치는 남편에게 대접받고 싶은 대로 남편을 대접하고, 아내에게 대접받고 싶은 대로 아내를 대접한다는 황금률이다.

이처럼 공평한 존중의 가치는 부부관계는 물론 부모와 자녀 사이에도 그대로 적용된다.

때로 자신의 꿈을 자녀에게 지우는 부모들이 있다. 나 대신 좋은 학교에, 나 대신 좋은 직업을 갖길 원하고 그 방식대로 자녀를 키운다. 그럴 때마다 부모는 자녀에게 자신의 희생을 강조한다. 이미 자녀는 부모의 '그것'으로 전락했다. 따라서 보다 좋은 관계가 되려면 기독교의 황금률을 적용해 자녀에게 대접받고 싶은 대로 자녀를 있는 그대로 대접하는 부모로 바뀌어야 한다. 그래야 자녀도 당당한 자기 목소리를 낼 수 있는 창의적인 존재로 '나와 너의 관계'를 만들어갈 마음의 터전을 만들어간다.

마음의
거리두기는
자신의 욕구를
찾는 과정

이제는 우리 모두 가족 사랑의 모습도 찬찬히 돌아보아야 할 때다. 우리는 K-팝이나 K-방역처럼 K-가족사랑을 소중하게 여기고 살았는지도 모른다. 부모의 지나친 교육열, 가부장적인 권위나 어머니의 절대적인 희생 등은 우리네 가족주의 전통이 가진 고유한 자산이라고 여겼다. 그저 지켜보는 부모가 아니라, 일일이 간섭하는 열성 학부모로 살아온 우리가 있었기에 세계적인 경쟁력을 가진 우리 자녀 세대가 탄생했다고 믿고 싶을 것이다.

아주 틀린 말은 아니다. 한때 K-가족사랑은 사회생활에서도 이웃과 끈끈한 정과 관계를 만드는 초석을 다지는 역할을 했다. 하지만 과유불급(過猶不及), 지나치면 늘 역기능이 생긴다.

가족 내에도 적절한 거리가 있어야 한다. 마치 자녀의 성적이 자신 존재가치의 성적표라고 여기는 부모가 너무도 많다.

오히려 자녀에게 간섭할 능력이 상대적으로 부족하여 정답을 줄 수 없는 부모에게서 가장 창의적인 아이가 만들어지는 이치를 기억해야 한다. 부모가 온갖 정보력을 끌어모아 짜준 일정표에 따라 공부하고 명문대학에 진학하고 나서도 자녀 자신에게 남는 것은 '자기주장 결핍증'인 경우가 너무도 많다. 무엇보다 중요한 것은 우리 모두가 '나와 너의 관계'를 만들 수 있도록 돕는 곳이 가정이 될 수 있어야 한다는 점이다.

내가 자녀로 살아온 원가족의 '나와 그것의 관계'는 이후 내가 부모가 되어 만들어가는 핵가족에도 지대한 영향을 미친다. 나 자신이 타인을 위한 대상으로 살았던 과거의 상처로부터 거리두기가 가능해야 결혼한 이후 배우자나 자녀와의 관계에서도 상대방을 인격적인 존재로 대접하고 존중하는 일이 비로소 가능하다. 요즘에 빈번하게 일어나는 영유아 폭행, 살인 사건이나 부부간 불화로 인한 극단적인 범죄는 가해자 스스로도 자신을 인격적인 존재로 대접하지 못하는 사람일 때가 많다. 그저 처벌 수위를 높이고 법적 대응을 강화하는 것만으로는 결코 이런 가정폭력을 막을 수 없다.

미국에서 처음 가족치료를 배울 때 상담사들끼리 정말 자주

했던 말이 있다. "Hurt kids hurt kids"로, 같은 단어 두 개를 반복해서 쓴 것 같지만 '상처를 입은 자녀가 자라서 또다시 자신의 아이에게 상처를 입힌다'는 뜻이다. 실제로 어려서 부모에게 학대받은 사람은 결혼 후 자녀를 학대하는 경우가 많다. 대개 가해 부모는 자녀의 잘못된 행동으로 인해 갑작스럽게 분노가 치밀어 폭력을 행사했다고 말한다. 자신도 폭력의 희생자이기 때문에 앞으로는 절대로 자녀가 잘못해도 매를 들지 않겠다고 뉘우치는 경우도 있다.

하지만 그저 보고 자란 것이 폭력이어서 폭력을 재현하는 것이 아닐 수 있다. 자신의 자녀가 보이는 특정 행동 때문에 꽁꽁 숨겨놓았던 심리적 외상이나 상처가 떠오를 순간, 부모는 그 기억을 방어하기 위해 무의식중에 폭발적인 폭력을 행사하게 된다. 그래서 가해 부모의 교정 프로그램에서는 이러한 심리적 상처를 다루는 일이 무척 중요하다.

청결 강박증이 있는 부모가 나를 찾아온 적이 있다. 그는 자녀가 뭐든 조금만 흘려도 화를 내며 안달복달했다. 처음에는 본인의 강박증이 유난히 심하다고만 생각했는데, 어느 날 아이가 우유를 흘린 것을 보고 거의 상을 엎고 아이에게 손찌검할 정도로 화가 나는 자신을 보고 문제가 있다고 생각해 나를 찾아온 것이었다.

이야기를 해보니 그 역시 어린 시절에 부모님께 자주 매를 맞았고, 편식이 심해 밥상 앞에서 혼이 나는 일이 많았다. 한번은 우유를 흘렸을 때 유독 혹독하게 혼났는데, 그 기억이 20여 년 만에 상담 중에 떠올랐다. 당시 뒤통수를 심하게 맞은 후 코피가 나서 우유에 핏물이 뚝뚝 떨어졌던 아픈 외상 기억이 떠오른 것이다. 그 후 딸기우유를 유난히 싫어했던 기억도 떠올랐다. 아마도 이 기억이 떠오를까봐 며칠 전 아이가 우유를 흘렸을 때 그렇게 화가 났을 것이다.

건강 염려증이 있는 엄마의 사례도 있다. 그는 아이가 조금만 기침해도 약을 미리 챙기고, 추우면 옷을 두껍게 입히면서 건강이 상하지 않도록 살뜰히 챙겼다. 그런데 이상하게 자녀가 정작 아프다고 하면 심하게 화가 났다. 아이는 콧물을 흘리고 열이 나는 지경이 되어 한편으로는 걱정이 되면서도 너무 화가 나서 아이에게 소리를 지르고 말았다. 아이가 울면서 엄마에게 왜 내가 아프면 걱정해주지 않느냐고 말하자 그제야 정신을 차린 엄마는 상담을 받으러 오게 되었다.

이 사람은 아주 어린 시절에 어머니가 돌아가셨다. 자신의 기억에 남아 있는 엄마는 항상 병상에 누워 있었다. 학교에 갔다 돌아오면 엄마가 살아 있는지 확인하는 게 일상이 될 정도로 오랫동안 앓다 돌아가셨다. 사랑하는 사람이 자기를 떠나간 아픈 기억이 깊이 숨어 있다 보니 아이가 아프다고 하면 그 불안이 떠오르며 감정을 주체할 수 없었던 것이다.

이런 상황에서 심리상담 전문가는 어떻게 치료적 개입을 할수 있을까? 먼저 과도하게 불안을 가진 대상(그것)으로서의 과거 경험과 거리를 두고, 그 경험을 잊어야 할 상처가 아니라 내가 품어야 할 나의 일부로 여길 수 있도록 도움을 주어야 한다. 엄마가 살아 계신지 확인했던 경험, 맞지 않기 위해 착한 아이로 살아야 했던 경험이 현재를 지배하지 않도록 거리를 두는 일이 중요하다. 무조건 잊으려고 애쓰기보다 상처를 품고 나의 일부로 여길 수 있도록 개입하는 것이 필요하다. 이것이 앞서 말한 '따로 또 같이 거리두기'다.

어린 시절 엄마를 잃을까봐 두려워했던 아이에게, 매를 맞을까 숨어 있던 아이에게 고생했다고 위로하고 내 존재의 일부로 받아들이는 일, 대신 더는 그 과도한 불안을 현재의 나에게 전수하지 않도록 그 아이를 충분히 공감하는 일. 이것이 치료적 개입의 가장 중요한 포인트다.

가족 사랑의 다음 단계는 상대방을 내 욕구 충족의 대상이 아니라 존재 자체로 보는 마음자세다. 이때 중요한 것이 이 책 전체를 아우르는 메시지인 에포케, 판단중지다. 우리는 배우자든 자녀든 그 마음을 다 알 수 없다. 배우자나 자녀가 문제를 일으키고 그것이 자신을 화나게 한다고 느낄 수 있지만, 실은 그 행동이 나의 욕구를 무너뜨리고 자신의 숨기고 싶은 기억을 소환하려고 하는 중인지도 모른다.

따라서 마음의 거리두기, 에포케는 어쩌면 상대방을 향한 나 자신의 욕구를 찾아가는 과정인지도 모른다. 원가족에게 버림받으면서 사랑받고 싶은 욕구가 좌절된 기억이 늘 두려워 떠는 초라한 나 자신을 만들어냈다. 이때 나의 모습은 '나와 그것의 관계'로부터 비롯된 불안하고 부끄러워하는 나다. 이런 나로 살다 보면, 자꾸 타인의 말이나 행동에 쉽게 자극을 받게 된다. '그것'으로서의 자신이 들킬 것 같은 두려움에 가끔 상대방을 향해 날 선 공격을 하게 되는 것이다. 마치 고슴도치가 약한 자신의 내면을 숨기기 위해 가시를 외부로 날카롭게 세우는 것과 같은 이치다.

이를 변화시키기 위해서는 상대방에게 변화 행동을 일방적으로 명령하기보다 서로의 욕구를 공유하고 조율하는 과정이 필요하다. 이때 서로 조율하는 욕구는 바로 '너와 너의 관계'에 대한 욕구다. 나는 상대에게 '그것'이 아니라, 당당한 '너'로 존중받고 싶은 욕구다.

"여보, 나는 당신에게 식당 종업원으로 여겨지며 살고 싶지 않아. 나는 당신과 마주 보고 식사하고 대화하는 반려자로 살고 싶어. 내가 자리에 앉을 때까지 아이들과 같이 기다려 줄 수 있겠어?"

　남편도 자신의 본심이 상대방에게 다르게 전달되었을 수도 있다. 아내가 식기 전에 빨리 먹으라고 하는 말을 본인은 그대로 이행했다고 여길 수도 있다. 혹은 자신은 여행 끝나고 와서 배고픈 것은 절대 못 참는다고 할 수도 있다. 하지만 아내가 자신의 마음속 '나와 너의 관계'의 욕구를 드러내면서 부탁한다면 분명 자신의 욕구를 아내와 조율할 수 있다. 그래서 나는 2장에서 살펴본 비폭력 대화의 4단계 부탁 단계를 '조율'로 바꿔 부르고 싶다.

　자녀나 배우자에게 변화된 행동을 요청하고 싶을 때 명령하지 않고 나의 '나와 너의 관계' 욕구를 꺼내 보여주고, 상대방 역시 자신의 욕구를 꺼내 보여주며 서로가 어떻게 충족할지 맞춰보는 일이 바로 '공평한 존중(equal regard)'의 시작이 될 수 있다. 이처럼 서로의 욕구와 느낌이 공평하게 존중될 때 비로소 무너진 관계가 회복되고 두 사람 사이에서 사랑을 꽃피울 수 있을 것이다.

과거 상처와 거리를 두어야 건강한 관계를 만들 수 있다

가족사랑은 결코 저절로 생기지 않는다. 나와 배우자, 혹은 부모와 자녀 사이에서 부단히 노력해서 만들어내야 한다. 불같은 사랑 끝에 결혼했다고 해서, 둘이 한집에 산다고 해서 어제의 감정이 저절로 오늘의 감정으로 이어지지 않는다. 그리고 사랑의 감정이 저절로 자라나지도 않는다는 점을 기억하자.

결혼 후 원가족에서 '그것'으로 살았던 과거 경험을 지금 내 핵가족에서도 똑같이 재현한다면 나와 너로 관계를 맺는 일은 요원해진다. 지금은 누구나 현재의 가족과 나와 너의 관계로 새롭게 태어나는 실천과정 중에 있다. 그렇게 가족은 서로 그것이 아니라 너로 공평하게 존중하는 관계로 서로 성숙해가는 연습이 필요하다.

당신에게 묻고 싶다. 지금까지 이 책에 다룬 내용을 읽고 혹시 자신의 관계적인 삶이 총체적으로 잘못되었다고 질책하고 있지는 않은가? 전혀 그럴 필요가 없다. 만약 지금까지 불안하고 위태로운 관계를 맺어왔다면 이제 다음 단계로 넘어가면 된다. 앞서 부버가 말한 것처럼 '나와 그것'은 '번데기 단계'다. 이제 나비로 날아오를 날을 기다리며 과도기를 즐기면 된다.

요즘은 핵가족을 넘어, 2인 가족 혹은 1인 가족도 늘어나고 있다. 대가족 제도가 없어진 한국에서 애틋한 가족사랑은 이제 먼 나라 이야기가 되었을까? 그렇지 않다. 가족사랑은 구성원의 숫자와는 아무 상관이 없다. 몇 명이 살든, 물리적으로 얼마나 떨어져 있든 심리적으로 어떻게 거리를 두느냐가 핵심이다.

이제 번데기 단계에서 벗어나 나와 너의 관계로 이전해 나비처럼 부활할 가능성은 충분하다. 나는 한국인들이 친밀한 가족의 조건인 진정한 분화, 즉 따로 또 같이 거리두기가 서양인들보다 훨씬 유리할 수 있다고 믿는다. 서구에서는 관계가 행위의 차원인 반면, 한국에서는 관계가 늘 존재의 차원이기 때문이다.

다시 말해 서구에서는 하나의 관계가 끝이 난다고 해도 계속해서 아무렇지 않게 만날 수 있다. 서구의 영화를 보아도 이혼 후 전남편, 전부인과 스스럼없이 만나고 관계를 이어가는 것을 볼 수 있다. 우리는 어떠한가?

한국에서는 갈등 끝에 관계가 끊어지면 더 이상 회복이 불가능해 보일 때가 많다. 어떨 때는 철천지 원수로 변하는 경우도 있다. 그래서 우리에게 관계란 꿈같이 좋았다가도 악몽처럼 치를 떨게 만드는 그 무엇이다. 관계는 늘 행위의 문제이기보다는 존재 자체의 문제이기 때문이다.

그래서 우리는 인간관계를 대화법이나 에티켓을 배우는 행동양식이라고 여기지 않는다. 대신 오랜 시간이 지나면 저절로 스며드는 존재양식처럼 여긴다. 이는 우리가 건강하게 관계를 만드는 일에 의도적인 노력을 기울지 않는 폐단을 낳았다. 이는 분명 우리가 다시 제고해야 할 생각거리를 제공한다. 내가 이 책을 쓴 이유이기도 하다.

하지만 관계를 존재양식으로 여기는 우리에게 긍정적인 점도 있다. 우리에게 관계는 아무리 법적으로나 물리적으로 떨어져 있어도 끈끈하게 연결되어 있다. 전통적인 가족주의나 오랜 공동체 마을 문화 때문인지는 모르지만 늘 다른 사람과 함께 사는 관계 안에서 자기를 인식한다. 입에 달고 자주 쓰는 '우리'라는 말에도 이런 의미가 함축되어 있는지 모르겠다. 종종 철학적으로 쓰이는 '환대(hospitality)'라는 개념도 자신의 존재 안에 타인의 자리를 마련하기를 권한다.

미국 예일대학교 신학부 윤리학 교수 미로슬라브 볼프 (Miroslav Volf)는 자신의 명저 『배제와 포용』에서 환대는 '공간 만들기'라고 설명한다.[8] 타인을 환대하기 위해서 공간을 만드는 것은 우리가 우리 자신을 어떻게 이해하는가에 대한 수정을 요구한다. 우리 자신을 타인에게 내어 주고 그들을 진정으로 환영하며 그들을 위한 공간을 만들기 위해서는 우리들의 정체성을 재조정하려는 의지가 필요하다는 것이다. 한국인의 나라고 하는 심리 공간에는 이미 타인이 중요한 요소로 자리 잡고 있다. 문제는 상대방을 내가 통제할 대상으로 여기는 나와 그것의 만남인지, 아니면 판단을 멈추고 만나야 할 나와 너의 만남인지가 관건이다.

분명 우리 한국인들은 타인을 '우리'라는 정체성 안에서 충분히 공간을 마련하고 환대할 수 있는 심리적인 여건을 갖추고 있다. 환대의 조건, 포용의 조건, 그리고 이웃사랑의 조건을 충분히 갖추고 있건만, 최근 우리는 왜 극단적인 반목과 갈등의 시대를 살고 있는 것일까? 우리가 굳게 믿고 살았던 가족사랑과 이웃사랑의 의미가 형편없이 퇴색되고 말았다. 이제 그 근본적인 이유를 찾아야 한다.

우리 주위에 우리가 사랑하는 사람들부터 살펴보자. 그들에게 평소에 사랑한다는 말을 얼마나 많이 하고 있는가? 과거에 비해 요즘에는 연인이나 부부, 부모와 자녀 사이에서 이 말을 자주 쓰지만, 여기에 한 가지를 더 얹는다면 어떨까? 사랑의 핵심 요소는 당신을 공평하게 나와 똑같이 존중하겠다는 마음 자세다. 그동안 상대방을 내 통제하에 있는 사람, 내 성공의 수단, 혹은 나를 위해 희생하는 사람 정도로 여겼다면 앞으로는 그의 존재를 나와 똑같이 존중하겠다는 결심을 더욱 담아보자. 내 안에 공간을 만들되, 그를 반드시 '나와 너'로 존중해야만 한다.

나는 그간 라디오나 TV의 자녀양육 관련 프로그램에 여러 해에 걸쳐 참여해왔다. 그러면서 어린 자녀나 사춘기 자녀들 모두 공통적으로 가장 힘들어하는 부모의 태도를 하나 발견했다. 그것은 다름 아닌 부모의 차별에 관련된 것이었다. 형제끼리 혹은 남과 비교하며 비난하는 부모에 대해 자녀들은 자신을 공평하게 대해주지 않는 깊은 아픔을 토로하곤 했다. 더욱 놀라운 것은 그런 자녀의 언급에 대부분 부모는 펄쩍 뛰면서 부정한다는 사실이다. 열 손가락 깨물어 안 아픈 손가락은 없다면서 말이다.

여러분은 만약 어느 날 자녀가 차별받는다는 생각에 내게 화를 버럭 낸다면 어쩌겠는가? 부모는 크게 박수를 쳐야 한다. 그 어린 나이에 부모에게 당당하게 '나와 너'로 만나달라고 자기주장을 하는 것이기 때문이다. 어느 부모나 용기 있게 표현한 아이의 느낌을 있는 그대로 인정해주는 과정이 절대적으로 필요하다. 부모는 언제든 아이에게 상처를 줄 수 있다. 그럴 때 확실하게 사과할 줄 알아야 좋은 부모로 거듭난다. 그리고 다음부터 또 그런 느낌이 든다면 꼭 그때마다 이야기해달라고 자녀에게 부탁해보자. 아이는 당당하게 서서히 나와 그것이 아닌, 나와 너의 관계를 맺을 수 있는 아이로 성장해갈 것이다. 한 TV 드라마에서 성동일 배우가 한 대사처럼 말해도 좋다.

"미안하다. 아빠도 아빠는 처음 해보는 거라서 자꾸 실수를 하네."

그리고 한걸음 더 나아가보자. 우리가 자녀를 부정적인 판단의 대상으로 여겨 비난하고 공격하면서 상처를 주었다면, 어쩌면 우리도 과거 그런 '나와 그것의 관계'로 인해 상처를 받지는 않았었는지 찬찬히 살펴보자.

"분명 네 잘못이 아닌데, 아빠가 어린 시절이 생각나서 더 크게 소리를 지르고 화를 냈었나 보다. 정말 미안하다."

과거 상처와 적절하게 거리두기를 할 때, 우리는 현재의 관계에서 '나와 너의 관계'를 연습할 수 있다는 점을 반드시 기억하자.

비록 지금까지 가족 구성원 모두와의 관계가 나와 그것의 관계였다고 하더라도 괜찮다. 이 책을 통해 에포케, 판단중지를 연습하고 나와 너의 대등한 관계로 발전해나갈 수 있다면 좋겠다. 애벌레에서 나비로 멋지게 변모할 때까지 우리 모두 조금씩 노력한다면 우리 자신뿐 아니라 우리의 가정과 사회도 의미 있는 파장처럼 변화시킬 수 있는 작은 시작이 될 것이다. 마음의 거리두기, 에포케는 그것만으로도 충분히 가치 있는, 행복한 대한민국 만들기의 첫 단추가 될 수 있지 않을까?

에포케
epoché

철학에서 '판단중지'로 번역하는 현상학 용어로서, 이 책에서는 지금 여기(here and now) 내 앞에 있는 상대방을 있는 모습 그대로 이해하려고 하는 마음의 태도를 의미한다. 선(先)경험과 편견에 사로잡히면 불가능한 난제처럼 보이지만, 반드시 연습하고 실천해야 할 인생과제다.

괄호 치기
bracketing

에드문트 후설(Edmund Husserl)은 판단중지의 방법을 '괄호 치기'로 설명했다. 인간은 누구나 과거의 경험에 의거하여 현재를 가늠하기에 지금 여기에 집중하기 위해서 과거의 경험을 잠시라도 괄호 안에 묶어두라고 권고한다. 이 책에서 '거리두기'도 같은 의미로 이해할 수 있다.

자기주장 결핍증
niceneck

어린 시절 겪었던 부정 평가에 대한 불안으로 인해, 현재의 사회생활에서도 자기주장을 드러내지 못하고, 궂은일을 자청하며 희생하는 방식을 택하면서 인간관계를 맺어가는 증상을 말한다. 과도한 불안으로 인해 나를 조정하는 목소리와 적절한 '거리두기'가 필요하다.

내면의 목소리
inner voice

내면에서 우리에게 부정적인 평가나 명령을 내리는 목소리는 종종
치료해야 할 병리적 증상으로 오인된다. 내면 가족 시스템 치료는 이
런 목소리가 자신의 깊은 상처를 재경험하지 않도록 돕는 내면의 보
호자라고 여긴다. 버려야 될 생각이라기보다는 '거리두기'가 필요한
심리기제다.

매니저
manager

마음속에서 쉬지 않고 나를 관리하는 생각이나 신념 등을 일컫는 내
면 가족 시스템 치료 용어다. 때로는 자신을 비난하고 비하하는 경우
도 많지만, 내면 시스템 안에서 깊은 상처를 방어하기 위한 기능을 한
다. 따라서 매니저를 무조건 나쁘다고 판단하기보다 에포케가 필요
하다.

투사적 동일시
projective identification

유아는 내면에 만들어진 부정 정서를 엄마에게 투사하는 경향이 있
다. 이는 자신이 받은 느낌을 상대도 느끼도록 유도함으로 상대방과
내가 하나라는 감각을 획득하는 과정이다. 자존감이 낮은 리더들이
자신의 낮은 존재감을 하급자에게 되돌려 주는 갑질 행태도 여기에
해당한다.

활동 영역성
territoriality

에드워드 홀(Edward Hall)은 한 인간이 타인과 최적의 물리적 거리가 무너졌을 때 발생하는 부정적인 심리경험을 설명하면서, 문화마다 자신과 타인 사이 안전감을 느끼는 공간 영역이 다름을 지적한다. 한국인이 안전하게 느끼는 타인과의 거리를 탐구하게 만드는 개념이다.

친밀감
intimacy

대개 친밀감은 거리감의 반대말이라고 여겨진다. 하지만 가족 치료에서는 심리적 거리감이 전혀 없이 밀착된 관계를 병리적이라고 경계하면서, 오히려 구성원과의 친밀감 형성은 상대로부터 평가불안이나 유기불안 없이 자신의 심리적 거리를 유지할 수 있을 때 가능하다고 본다.

정서적 융합
emotional fusion

어린 시절 불안한 양육환경에서 자란 자녀들은 대개 자신의 감정을 드러내지 못하고 부모나 타인의 감정에만 관심을 기울여서 맞추면서 살게 된다. 이런 자녀들은 성인이 되어서도 자신의 욕구나 감정을 등한시하고 타인의 감정만을 살피면서 살게 되는 악순환을 반복한다.

분화
differentiation

가족치료에서는 원가족 내 정서적 융합으로 자신의 감정이나 욕구를 드러내지 못하는 미(未)분화된 구성원을 회복시키는 일을 치료의 목적으로 삼는다. 분화는 부모로부터의 물리적 독립이나 관계 단절이 아니라, 마음의 거리두기를 통해 '따로 또 같이'의 새로운 관계를 맺는 일이다.

공평한 존중
equal regard

돈 브라우닝(Don Browning)은 기독교 성경의 황금률에 기초하여 가족을 지탱하는 핵심가치는 희생적인 사랑이 아니라, 상대를 수단이 아닌 목적으로 공평하게 존중하는 일이라고 주장했다. 에포케, 마음의 거리두기는 서로를 '나와 너'로 존중하면서 사랑할 수 있도록 돕는다.

| 주석 |

1   마르틴 부버 저, 김천배 역, 『나와 너』, 대한기독교서회, 2000,
    23~24쪽.
2   켈리 브라이슨 저, 강현주 역, 『인간 관계의 심리학』, 북폴리오,
    2006.
3   Richard C. Schwartz, 김춘경, 변외진 공역, 『내면 가족 체계 치
    료』, 학지사, 2010, 85쪽.
4   Marilee C. Goldberg, *The Art of the Question* (Wiley, 1997).
5   엘렌 랭어 저, 김한 역, 『마음챙김 학습의 힘』, 동인, 2011, 36~37
    쪽.
6   김용택 저, 『그대 거침없는 사랑』, 푸른숲, 2002.
7   에드워드 홀 저, 최효역 역, 『숨겨진 차원』, 한길사, 2013.
8   Miroslav Volf, *Exclusion and Embrace* (Abingdon Press, 1996), p. 29.

KI신서 10047

관계에도 거리두기가 필요합니다

1판 1쇄 발행 2022년 1월 19일
1판 3쇄 발행 2023년 11월 1일

지은이 권수영
펴낸이 김영곤
펴낸곳 (주)북이십일 21세기북스

콘텐츠개발본부이사 정지은
인생명강팀장 윤서진 **인생명강팀** 최은아 강혜지 황보주향 심세미
디자인 강경신 **일러스트** 모모이라운드(김유나)
출판마케팅영업본부장 한충희
마케팅2팀 나은경 정유진 박보미 백다희 이민재
출판영업팀 최명열 김다운 김도연
제작팀 이영민 권경민

출판등록 2000년 5월 6일 제406-2003-061호
주소 (10881) 경기도 파주시 회동길 201(문발동)
대표전화 031-955-2100 **팩스** 031-955-2151 **이메일** book21@book21.co.kr

ⓒ 권수영, 2022
ISBN 978-89-509-9879-0 04300
      978-89-509-9470-9 (세트)

(주)북이십일 경계를 허무는 콘텐츠 리더

21세기북스 채널에서 도서 정보와 다양한 영상자료, 이벤트를 만나세요!
페이스북 facebook.com/jiinpill21 **포스트** post.naver.com/21c_editors
인스타그램 instagram.com/jiinpill21 **홈페이지** www.book21.com
유튜브 youtube.com/book21pub

서울대 **가**지 않아도 들을 수 있는 **명강**의! 〈서가명강〉
'서가명강'에서는 〈서가명강〉과 〈인생명강〉을 함께 만날 수 있습니다.
유튜브, 네이버, 팟캐스트에서 '서가명강'을 검색해보세요!